Maligno samoljublje

Prevela Ana Bošković

АПБ

Maligno samoljublje

Narcizam – revidirani osvrt

OGLED

Originalni naslov ove knjige je Malignant Self-love prema sebi i prvobitno je objavljena 2015.

Sem Vaknin

Prevela Ana Bošković

АПБ
atropos press balkans d.o.o.

АПБ

Atropos Press Balkans
Београд, Србија | Belgrade, Serbia

Publisher:
Dr. Andrew Spano

Originalni naslov ove knjige je Malignant Self-love
prema sebi i prvobitno je objavljena 2015.

Štamparija:
Ingram Publisher Services UK
1 Deltic Avenue, Rooksley
Milton Keynes, MK13 8LD
United Kingdom

Atropos Press Balkans
Meštrovićeva 24, stan 18, Beograd 11010

Атропос Пресс Балканс, д.о.о.
Мештровићева 24, стан 18, Београд Србија 11010

Cover Designer: David Crixel
Book Interior Design by: Anđela Branković
Translated by: Ana Bošković

ISBN: 978-86-82604-03-7

Прво издање: 200 примерака

www.atropospress.com
atropospressbalkans@pm.me

SADRŽAJ

PREDGOVOR

Greh samoljublja vid mi obuzima
I vlada u mom deliću svakome;
A za greh ovaj, znam, leka ne ima,
Jer je u srcu ukorenjen mome.
Lice je moje lepše nego svako,
Na svetu nema časnijeg od mene;
I svoju vrednost ocenjujem tako
Ko da sve ljude vidim nadmašene.
Al' kad lik vidim, svoj, u ogledalu
Kako me zboran, siv, na starost seti,
Tad samoljublje korim i svu hvalu:
O, greh bi bilo takvoga voleti.
To tebe – moje drugo ja – tad slavim
I svoj lik stari tvojim likom pravim.

Vilijam Šekspir, Sonet LXII (Prepevao na srpski jezik, Stevan Raičković)

Zdravo. Da li me prepoznaješ? Ne? Pa ipak, stalno me viđaš. Čitaš moje knjige, gledaš me na TV ekranu, uživaš u mojoj umetnosti, na utakmicama navijaš za mene, koristiš moja otkrića, glasaš za mene na izborima, pratiš me u svakom mom poduhvatu, hvataš beleške na mojim predavanjima, smeješ se mojim šalama, diviš se mojim uspesima, mom izgledu, slušaš me dok pričam, raspravljaš o mojoj politici, uživaš u mojoj muzici, opraštaš mi greške, zavidiš mi na mojim talentima. Ne? Zar ti još uvek ništa ne pada na pamet? Ali, video si me. U to sam uveren. Zapravo, ako postoji nešto u šta sam siguran, to je to. Viđali smo se.

Možda su se naši putevi ukrstili na neki privatniji način. Možda sam ja onaj koji je došao i pomogao ti da se subereš kada si bio neraspoložen, ili sam te zaposlio kada ti je posao bio neophodan, možda sam ti pokazao put kada si bio izgubljen, baš ja sam bio onaj koji ti je ulio samopouzdanje kada si bio u nedoumici, nasmejao sam te kad si klonuo duhom, ja sam uspeo da probudim tvoje interesovanje kada ti je bilo dosadno, uvek sam te slušao i razumeo, video sam te onakvog kakav jesi, osetio sam tvoj bol i našao odgovore na sva pitanja, učinio sam da se osećaš živim. Naravno da me prepoznaješ. Ja sam tvoje nadahnuće, tvoj uzor, tvoj spasilac i vođa, ja sam tvoj najbolji prijatelj, onaj na koga težiš da se ugledaš, onaj zbog čije naklonosti zablistaš.

Naravno, ja mogu da postanem i tvoja najgora noćna mora. Najpre te uspravim, jer to je ono što ti je potrebno. Tvoje nebo zablista, a onda kao grom iz tog vedrog neba, počinjem da se obrušavam na tebe. Dozvoljavaš mi da se tako ponašam jer si na to navikao. Zanemeo si. Ali, pogrešio sam što sam se sažalio nad tobom. Ti stvarno JESI nesposoban, nepouzdan, nevaspitan, nemoralan, glup, nespretan, egoističan, usiljen, odvratan. Ti si ljudska sramota, kao partner si nezahvalan, nisi odgovoran roditelj, ti si sušto razočarenje, seksualni promašaj, finansijski teret.

Evo, gledam te pravo u oči dok ti govorim. Moram. Imam pravo na to, jer to je jednostavno tako. Ponašam se kod kuće, a i van nje, kako god želim, nemam obzira prema ustaljenim pravilima, običajima, niti prema osećanjima drugih ljudi. Ja imam pravo na to zato što ga jednostavno imam. Nisam ni trepnuo niti napravio grimasu, a već sam te slagao, i ti povodom toga ne možeš da učiniš baš ništa. U stvari, moje laži uopšte nisu laži. One su istina, moja istina. Ti u njih veruješ jer to je naprosto tako, jer one uopšte ne zvuče kao laži, jer bi, ako bi ih doveo u pitanje, morao da dovedeš u pitanje sostveni razum, a ti to već ionako činiš, jer ti si, od samog početka naše veze, u mene polagao svoje poverenje, verovao si mi, crpeo si iz mene svoju snagu, usmerenje, stabilnost, samopouzdanje – i sve to samo zato što si bio u mojoj blizini. U čemu je onda problem ako utočište koje ti pružam ima svoju cenu? Zar ne vredim i više od onoga koliko tražim?

Hajde, trči odmah kod naših prijatelja. Idi! Vidi šta će ti to doneti. Ismejavaće te! Ljudi veruju samo u ono što vide, a ono što vide jeste isto ono divno ja koje si i ti video – i u koje još uvek gledaš. Ono što oni takođe vide, jeste jedna očigledno izgubljena i zbunjena osoba u koju si se pretvorio. Što ih više moliš za razumevanje, to su oni uvereniji da si ti onaj koji je lud; sve više si usamljen i mnogo se trudiš da sve vratiš na staro – ne tako što ćeš promeniti mene, već tako što ćeš prihvatiti moje kritike i nastojati da popraviš sebe. Može biti da si me na samom početku pogrešno procenio? Zar je baš toliko loše? Kako zamišljaš da će naši prijatelji reagovati ako počneš da insistiraš da su i oni pogrešili u vezi sa mnom? Najzad, oni dobro znaju da si upravo ti onaj koji je osujetio moje napredovanje, ukaljao moj ugled i skrenuo me s pravog puta.

Razočarao sam te? Pa to je nečuveno! Ti si onaj koji je mene razočarao. Pogledaj samo sve frustracije koje trpim zbog tebe. Budi srećan što mogu da izbegnem sve to. Srećom, moj ugled nas dovoljno štiti od spoljašnjeg sveta, toliko da mogu nekažnjeno da pribegnem ovom bekstvu. Kakvom bekstvu? Još pitaš, pa u izliv besa zbog kojeg drhtiš i tako se plašiš. Ah, kako je lepo besneti. Uravo to je izraz i potvrda moje moći nad tobom, moje neprikosnovene nadmoći. Laž mi takođe prija, iz istog razloga, ali ništa se ne može porediti sa zadovoljstvom da eksplodiram bez ikakvog stvarnog razloga i da se potuno prepustim iskaljivanju besa, sve vreme sam posmatrač sopstvene predstave u kojoj si ti bespomoćan, trpiš bol, uplašen si, frustriran i sasvim zavisiš o meni.

U stvari, moji izlivi besa su upravo ono što mi dozvoljava da ostanemo zajedno. Hajde, slobodno. Reci našim prijateljima sve o tome. Razmisli da li oni tako nešto uopšte mogu da zamisle, a kamoli da ti poveruju. Što su nečuvenije stvari koje govoriš o meni, time ćeš ih još jasnije uveriti da si ti onaj koji je sve uprskao. A od svog terapeuta ne očekuj ništa bolje. Možeš da mu kažeš sve, ali ono što će on videti kada ga ja posetim, biće nešto sasvim drugo. Dakle, kome će terapeut da poveruje? Najzad, ti si onaj koji traži pomoć. Ne! Znači, o tome se ovde radi. Ne! Ta jednostavna dvoslovna reč koju, bez obzira na to koliko sam grozan, ne možeš da izgovoriš. Ko zna? Mogao bi čak i da poprimiš nešto od mog ponašanja.

Ali, da li ti razumeš o čemu se ovde radi? Iako će te to možda zapanjiti, ja samom sebi mogu da postanem najveći košmar. Mogu da postanem i ja to jesam. Jasno ti je, u dubini duše moj život nije ništa drugo do sama zbunjenost presvučena u iluzije. Nemam pojma zašto radim to što radim, niti me zanima da to saznam. Zapravo, meni je uopšte sama ideja o postavljanju tog pitanja toliko odbojna, da se dovijam svom svojom snagom da je odbijem od sebe. Menjam činjenice, na njihovo mesto postavljam lažni svet, uživljavam se u novu ulogu i tako stvaram isključivo sopstvenu realnost. Ovo je zaista nesigurno stanje da bi opstanak u njemu bio moguć, zato pažljivo unosim dovoljno nepobitne istine u sva moja izmišljena stanja, kako bih osigurao njihov kredibilitet. To je onaj isti kredibilitet koji neprestano testiram, kako na tebi, tako i na reakcijama drugih.

Srećom, dovoljno sam bogat pravim osobinama i dostignućima, tako da sve moje životne iluzije naizgled mogu neprestano da pothranjujem. A ovo moderno društvo, bilo ono blagoslovljeno ili prokleto, ono najviše ceni baš to što ja najbolje radim i tako postaje moj saučesnik. Ponekad se i sam izgubim u mom izmišljenom svetu, budem pometen sopstvenom magijom.

Dakle, ne brini se što me još uvek ne prepoznaješ. Ni ja ne prepoznajem samog sebe. Zapravo, nisam ni siguran ko sam to ja. Verovatno ti takvo pitanje nije ni palo na pamet. A, vidiš, ja se oko njega stalno brinem. Možda nisam toliko različit od drugih, samo sam bolji. Naposletku, takav je utisak koji ostavljam. Oni koji mi se dive, sve više žele da budu poput mene. Ono što im nedostaje jesu darovi koje posedujem, i hrabrost kojom ih iskazujem. To je ono što mi univerzum poručuje.

Uvek to isto pitanje, univerzum ili MOJ univerzum? Sve dok magija mojih zavaravanja utiče i na mene, ne postoji potreba za razlikovanjem. Sve što mi je u tom slučaju potrebno, jeste klub obožavalaca koji bi bio na čelu svega o čemu govorim. Tako da ja neprestano vršim popis fanova, ispitujem lojalnost članova izazivajući ih zlostavljanjem, ravnodušno otpisujem iz svog života otpadnike, a onda istražujem teren za nove regrute. Da li je tebi jasno oko čega se dvoumim? Korisni su mi samo oni ljudi koji od mene zavise i održavaju moje iluzije u životu. Tako da je to ta istina, ja sam onaj koji zavisi od njih.

Čak i bes, orgazmičko olakšanje kroz bol i bes, dostiže bolji efekat uz publiku. Ja sam na određenom nivou svestan svog začaranog sveta, ali kada bih to javno priznao, čarolija bi nestala. To već ne bih mogao da podnesem. Evo, jasno i glasno kažem da ovo što ja činim nema nikakve posledice i da se ne razlikuje od onoga što drugi čine. Na taj način, radim na iluziji da sam ja taj koji iluzije stvara.

Dakle ne, ni ja sam ne uspevam da na bilo koji način prepo-znam sebe bolje, nego što to tebi polazi za rukom. Na tako nešto se ne bih ni usudio. Kao i moji obožavatelji, divim se sopstvenom biću. Pa opet, ponekad poželim da ta osoba ne budem ja. Tebi je to zbunjujuće? Šta misliš kako je tek meni? Moj izmišljeni univerzum me održava na površini. Ponekad me drugi uvlače u svoje začarane svetove, ali to je u redu. Sve dok se hranimo jedni drugima, ne zna se kome će da bude gore. To samo potvrđuje iluziju o mojim iluzijama: ne razlikujem se od većine ljudi, samo sam malo bolji od njih.

Ali JA sam zapravo drugačiji, i mi to znamo, iako se niko ne usuđuje ta to prizna. Tu leži koren moje odbojnosti. Obrušavam se na tebe jer ti zaista zavidim ZATO ŠTO JESAM drugačiji. Na nekom sablasnom nivou prepoznajem svoje iluzije onakvima kakve jesu i shvatam da ljudi oko mene, sasvim normalno funkcionišu BEZ njih.

To me užasava. Kada naiđe napad panike, dovijam se uz pomoć svih svojih starih trikova: pokazujem šta umem, varam kad ne moram, izvrćem sve u svoju korist, vešto se udvaram, beskrupulozno projektujem, besnim do zastrašivanja. Šta god od toga da primenim, obično funkcioniše. Ali ako ne uspe, pazi šta se događa. Kao da sam solarna baterija u mraku, moja vatra se gasi i ja prestajem da postojim. Tada nastupa očaj.

Ovo je ključ uz čiju pomoć ćeš me razumeti. Većina ljudi postavlja sebi ciljeve i oseća se dobro kada im se približi. Oni se kreću ka nečemu pozitivnom. I ja se krećem u istom smeru, ali moje kretanje je udaljavanje od nečega negativnog. Zato, šta god da postignem nikada ne stajem, nikada nisam zadovoljan. Kao da me ta negativnost prati poput senke. Uranjam u svetlost i ona bledi. Ali to je sve. Naposletku sam iscrpljen, podlegnem i iznova se vraćam u tamu.

A to negativno mišljenje, odakle je ono došlo? Verovatno je postojalo i pre nego što sam naučio da govorim. Dok si ti prvi put istraživao svet, uz uobičajene detinje nezgode, majka te je pomno imala na oku, našla se na putu gde te je očekivala opasnost, tešila te i kada si pogrešio i kada si plakao.

E, pa meni nije bilo tako. Moja majka je od mene mnogo više očekivala. Greške su bile greške i plač nije bio način da ona bilo šta dozvoli. Morao sam da postanem savršen, tako da sam to upravo i postao. Ne ono malo nesnađeno nedonošče, nego dete kojim majka može da se ponosi. Ne ona hrabra radoznala mala osoba kakva sam zaista bio, nego zastrašujuća personifikacija majčinog ideala.

Ono što si iskusio kroz svoje male nestašluke i greške, sve su to bile male doze stida. A dok si se brzo oporavljao i osećaj sramote je brzo zaceljivao. U početku ti je majka pomagala, a onda si kroz ponavljanje, postepeno naučio kako da to sam uradiš. Umno stečeni put ispravljanja postiđenosti je bio dobro utaban i ostao je sa tobom do kraja života. Ja nisam bio te sreće. Jednostavno, ja nisam stekao tu veštinu onda kada ju je priroda namenila baš mojoj svesti. Niko ne uživa u osećaju postiđenosti. Ali većina ljudi može s njom da se nosi. Ne i ja. Plašim je se kao što se većina ljudi plaši zmija.

Koliko nas, ovakvih poput mene, ima? Više nego što bi i pomislio, štaviše taj broj je u porastu. Uzmi dvadesetoro ljudi sa ulice i naći ćeš jednog čija svest treperi slično mojoj, pa će ti se učiniti da smo klonirani. Nemoguće, kažeš? Kako može toliki broj ljudi – veoma uspešnih, cenjenih, viđenih ljudi – da budu ubrojani u one koji menjaju realnost sopstvenim iluzijama, uvek na isti način, i uvek iz njima sasvim nepoznatih razloga. Jednostavno nije moguće da postoji toliko sramo-fobičnih robota koji prave haos i pustoš, kako bih inače ja sam sebe opisao, a da svakodnevno funkcionišu pored drugih obrazovanih, inteligentnih i iskusnih pojedinaca i da niko ne primeti da nisu normalni. Nije moguće da se takvo zakrivljenje u ljudskom saznanju i ponašanju infiltrira i da zarazi populaciju u tolikom broju, praktično neprimećeno na radaru tolikih stručnjaka za mentalno zdravlje. Naprosto, nije moguće da toliko vidljivo pozitivnog sadrži toliko skriveno negativnog. To jednostavno nije moguće.

Ali, moguće je. Ovo je prosvetljenje koje nudi „Revidirani pogled na narcizam“, Sema Vaknina. Sem je i sam jedan od klonova. Jedino po čemu se on razlikuje je neuobičajena hrabrost da se suoči s tim, kao i njegovo neobično razumevanje onoga što nas pokreće, a ujedno i njega samog. Ne samo da se usuđuje da pita i odgovara na ono od čega mi klonovi bežimo kao od kuge, već on to radi s neumoljivom, skoro laserskom preciznošću. Pročitajte ovu knjigu. Sedite za mikroskop za dvoje i pustite da vas provede kroz disekciju.

Kao neurohirurg koji vrši operaciju na sebi, Sem istražuje i obelodanjuje onu otuđenost u nama, nadajući se i preko granica nade da će pronaći tumor koji može da se otkloni, ali umesto toga on u svim ćelijama pronalazi porast jednog te istog otpornog virusa. Operacija je duga i naporna, povremeno zastrašujuća i teško da se u nju može poverovati. Čitajte. Sve što je izloženo je takvo kakvo jeste, premda se neki delovi mogu činiti preuveličanima ili nerealnima. Njihova istinitost će tek kasnije biti osvetljena, kada se spoji sa sećanjima na prošle događaje i iskustva.

Ja sam, kao što sam rekao, samom sebi najveća noćna mora. Istina, svet je prepun mojih doprinosa i zabavno je biti u mom društvu. Isto tako, većina doprinosa poput mojih nije prošlo preko pleća samo nekolicine napaćenih duša. Ima nas mnogo više nego što misliš. A ako se slučajno upecaš u moju mrežu, načiniću pakao od tvog života. Ali zapamti, i ja sam u toj mreži. Jedina razlika između nas je što ti ... možeš da izađeš.

Ken Hajlbran, M.D.
Sijetl, Vašington, SAD
ksbrunn@aol.com

PROLOG

Sema sam upoznao pre otprilike 14 godina na nekom od internet foruma. U to vreme sam proučavao poremećaje ličnosti i narcizam, posmatrajući ih sa jungovske, duhovne i književne tačke gledišta, kao i šire psihološke, ali me nimalo nije impresioniralo psihološko gledište u odnosu na pomenutu problematiku.

Sem mi je sugerisao da pogledam njegovu internet stranicu i pošto ga nisam poznavao od ranije, pogrešno sam pretpostavio da je on samo još jedan od onih šrink psihologa koji pišu uobičajene stvari o narcizmu. Odgovorio sam mu nešto kao „Ne, to neće biti neophodno, zato što sam ja jedina osoba na čitavom svetu koja se istinski razume u narcizam" – drugim rečima, dao sam mu najnarcisoidniji odgovor koji se može zamisliti.

Uprkos svemu, posetio sam njegovu veb sajt stranicu i bio sam veoma impresioniran. Tada sam mu napisao imejl i priznao svoju grešku, rekavši da je njegov rad daleko iznad uobičajenih psiholoških spisa na tu temu. Narcizam, kao jedna kompleksna i suptilna materija prosto ne može da se razume ako se u taj proces ne uključe i lična osećanja, ako se u potpunosti ne uloži i srce i duša, a takozvanim „objektivnim" stvarima o kojima stručnjaci pišu, naprosto nedostaje ključna dimenzija, koja ih je baš zato učinila plitkima, postavila u ravan hladne, „mrtve informacije", umesto „živog znanja".

Ono što je Sem napisao na tu temu, disalo je i zračilo toplotom, bilo je puno života, izgaralo je od strasti, vapilo je u mukama. Sem je POZNAVAO narcizam kao što riba poznaje vodu, kao što orao zna vazduh, jer on ga je živeo. Opisivao je njegova mala, beznačajna strujanja, znao je šta da radi kada se klima promeni, znao je šta se dešava sa žabicama, zmijama i zrikavcima kad god upadnu u bujicu. Većina psihologa znaju ponešto O narcizmu – Sem ga RAZUME.

Pol Širli, MSW

UVOD

Navike i identitet

U jednom poznatom eksperimentu, istraživači su zamolili studente da ponesu po jedan limun kući i rekli su im da se naviknu na njega. Posle tri dana, studenti su uspevali da izdvoje „svoj" limun iz gomile prilično sličnih. Činilo se kao da su se sa njim povezali. Da li je ovo pravo značenje ljubavi, veze, spajanja? Da li se mi prosto navikavamo na druga ljudska bića, kućne ljubimce, ili predmete?

Nastanak navike kod ljudi je refleksivan proces. Mi se trudimo da preoblikujemo sebe i svoje okruženje, kako bismo dostigli najviši stepen udobnosti i blagostanja. Navika nastaje usled truda koji ulažemo u ove adaptivne procese. Cilj sticanja navike je u tome da nas odvrati od stalnog eksperimentisanja i od preuzimanja rizika. Što je naše blagostanje veće, to bolje funkcionišemo i duže opstajemo.

Navići se na nešto ili na nekoga, rezultira navikavanjem na samog sebe. Prilikom stvaranja navike, mi vidimo deo sopstvene prošlosti, vremena i truda koje smo u nju uložili. Ona postaje učaurena verzija naših dela, namera, emocija i reakcija. Ona je ogledalo koje nas odražava, ili onaj deo nas koji je tu naviku prvobitno formirao. Otuda nastaje osećaj lagodnosti: mi se zapravo osećamo prijatno sa samima sobom, posredstvom objekata naše navike. Zbog toga smo skloni da navike zamenimo identitetom.

Kada ljudima postavite pitanje, *ko* oni jesu, većina njih pribegava odgovoru o svojim navikama. Oni opisuju svoj posao, svoje voljene, svoje kućne ljubimce, svoje hobije ili materijalnu imovinu (Sartr je ovu sklonost nazvao „lošom verom"). Drugim rečima, oni ukazuju na svoj „*derivativni ili sekundarni identitet*" umesto na svoj „*primarni ili autonomni identitet*", što je stabilan osećaj srži nečijeg unutrašnjeg bića i njegovog samopoštovanja.

Pa ipak, sigurno je da ništa od svega ovoga ne predstavlja nečiji identitet! Kada ih uklonimo, suština se ne menja. To su ipak samo navike zbog kojih se čovek oseća prijatno i opušteno, ali nisu deo njegovog istinskog identiteta u suštinskom smislu te reči.

Ipak, upravo ovaj jednostavni mehanizam obmane postaje ono što zbližava ljude. Majka oseća da njeno potomstvo čini deo njenog identiteta, jer je navikom toliko vezana za njega, i zato je njeno blagostanje zavisno od njihovog postojanja. Dakle, majka svaku pretnju prema svojoj deci doživljava kao pretnju sopstvenom Ja. Zato je njena reakcija jaka i trajna, te može iznova i iznova da se ponavlja.

Istina je da deca, svakako *jesu* deo majčinog identiteta, ako posmatramo samo površinu ove pojave. Bez njih, ona bi zaista bila druga osoba, ali samo u površnom, fenomenološkom smislu te reči. Ipak, njen duboko usađen istinski identitet se ne bi stvarno promenio. Desi se ponekad da dete umre, a majka i dalje živi, nepromenjena u svojoj suštini.

Ali, šta je suština identiteta o kojoj govorim? Ovaj nepromenjivi entitet, koji čini ono što mi jesmo i na koji navodno ne utiče ni smrt bližnjih? Šta je to što može da podnese i slom navika koje teško umiru?

To je naša ličnost. Onaj neuhvatljivi, tananim nitima povezani obrazac reakcija na okruženje koje se menja. Kao i mozak, teško ga je definisati ili ograničiti. Kao duša, mnogi misle da ona ne postoji i da je to puki konstrukt ili kulturološka konvencija.

Ipak, mi znamo da imamo ličnost. Osećamo je, možemo da je doživimo. Ona nas ponekad ohrabruje da neke stvari činimo, povremeno nas sprečava da učinimo neke druge. Ona može da bude prilagodljiva ili kruta, benigna ili maligna, otvorena ili zatvorena. Njena moć leži u njenoj prilagodljivosti. Ona je u stanju da kombinuje, rekombinuje i da se menja kroz stotine nesagledivih načina. Njena sposobnost preobražaja i stalnost promene jesu upravo ono što nam pruža osećaj identiteta.

Zapravo, kada je ličnost toliko kruta, da nije u stanju da se adaptira, pod naletom promenjivih okolnosti, tada kažemo da ona ima poremećaj. Neko ima poremećaj ličnosti kada njegove navike služe kao zamena za identitet. Takva osoba se poistovećuje sa svojom sredinom, uzimajući bihevioralne, emotivne i kognitivne signale isključivo od nje. Njen unutrašnji svet je, takoreći prazan, a njeno istinsko Ja je puko priviđenje.

Takva osoba nije sposobna ni da voli, ni da živi. Ona nije u stanju da voli, jer da bi volela nekog drugog, prvo mora da zavoli sebe. A u odsustvu identiteta, ljubav prema sebi postaje nemoguća. Dugoročno, ona je nesposobna za život jer je život stremljenje u pravcu višesrtukih ciljeva – on je težnja i usmeren je na cilj. Drugim rečima: život je promena. Ko ne ume da se menja, ne ume ni da živi.

Šta je ličnost i šta je normalno?

U svom velikom delu „Poremećaji ličnosti u savremenom životu", Teodor Milon i Rodžer Dejvis definišu ličnost kao:

„Kompleksan obrazac duboko uvreženih psiholoških osobina koje se automatski ispoljavaju u skoro svakom domenu psihološkog delovanja." [str. 2]

Dijagnostički i statistički priručnik (DSM IV-TR, 2000), koji je objavila Američka psihijatrijska asocijacija, definiše osobine ličnosti kao:

„Trajne obrasce opažanja, odnosa i mišljenja o okruženju i sebi, koji se ispoljavaju u širokom spektru društvenih i ličnih konteksta" [str. 686]

Laici često mešaju i pod isto podvode pojam „ličnosti“ sa pojmovima „karaktera“ i „temperamenta“.

Naš temperament je biološko-genetski šablon koji stupa u interakciju sa našim okruženjem.

Naš temperament je skup urođenih osobina sa kojima se rađamo. Uglavnom je nepromenjiv (premda skorija istraživanja ukazuju na to da je mozak daleko plastičniji i elastičniji nego što smo mislili).

Drugim rečima: naš temperament je naša priroda.

Naš karakter je uglavnom ishod procesa socijalizacije, zaravo otisaka našeg okruženja, i hranjenja naše psihe tokom formativnih godina (od 0-6 godina i u adolescenciji).

Naš karakter je skup svih stečenih osobina koje imamo, često procenjenih kroz prizmu kulturno-društvenog konteksta.

Kombinacija svih ovih faktora ponekad ishoduje abnormalnom ličnošću.

Poremećaji ličnosti su disfunkcije čitavog našeg identiteta, podsećaju na suze u tkivu onoga što jesmo, na procepe u tkanju od kojeg smo sačinjeni. Oni su sveprožimajući, jer naša ličnost je sveprisutna i prodire do svake od naših mentalnih ćelija.

Šta je to što čini normalno ponašanje? Ko je normalan?

Postoji statistički odgovor: oni prosečni i uobičajeni ljudi su normalni. Ali, ovo je nezadovoljavajući i nepotpun odgovor. Prilagođavanje društvenim konvencijama ne garantuje normalnost. Pomislimo samo na anomična društva i periode kroz istoriju, kakvi su bili Hitlerova Nemačka ili Staljinova Rusija. Uzorni građani u ovim paklenim, devijantnim sredinama bili su kriminalci i sadisti.

Umesto da traže jasnu definiciju u spoljašnjem svetu, mnogi stručnjaci za mentalno zdravlje se pitaju: da li je pacijent funkcionalan i srećan (ego-sintoničan)? Ako jeste, onda je sve u redu i sve je normalno. Dakle, abnormalne osobine, ponašanja i ličnosti jesu nefunkcionalne i izazivaju subjektivni stres.

Ipak, za mnoge, očigledno mentalno bolesne ljude, pre se može reći da su srećni i prilično funkcionalni. U kom smislu su oni onda „abnormalni“?

Ima onih naučnika koji u potpunosti odbacuju pojam „normalnosti“. Anti-psihijatrijski pokret se žustro protivi upotrebi lekova i patologizaciji čitavih oblasti ljudskog ponašanja. Drugi, više vole da proučavaju same poremećaje, radije nego da ulaze u „metafiziku“, pokušavajući da ih razlikuju od imaginarnih i idea-lnih stanja propisanih kao stanja „mentalno zdravih“. Oni se upuštaju u fenomenologiju poremećaja mentalnog zdravlja: njihove osobine, karakteristike i njihov uticaj na druge ljude.

Maligno samoljublje

Narcizam – revidirani osvrt

Narcisoidni poremećaj ličnosti

Bukvar o narcizmu i narcisoidnom poremećaju ličnosti (NPL)

Većina narcisa su muškarci. Zato ih u ovoj knjizi oslovljavam u muškom rodu. Naravno, postoje i žene koje imaju narcisoidni poremećaj ličnosti.

Rizici samodijagnoze i etiketiranja

Narcisoidni poremećaj ličnosti (NPL) je *bolest.* Definisan je *samo* u Dijagnostičkom i statističkom priručniku (DSM). Sve druge „definicije“ i kompilacije „kriterijuma“ su nevažne i mogle bi da budu pogrešne .

Ljudi idu naokolo i sami sastavljaju liste osobina i obrazaca ponašanja (obično na osnovu sopstvenog iskustva sa jednom osobom, koja nikada zvanično nije dobila dijagnozu da je narcisoidna) i zaključuju kako ove liste čine srž i definiciju narcizma.

Isti ti ljudi pogrešno koriste izraz „narcis“ da bi opisali svaku moguću vrstu zlostavljača ili neprijatne i nevaspitane osobe. To je sasvim pogrešno. Nisu svi zlostavljači istovremeno i narcisi.

Samo kvalifikovani dijagnostičar iz oblasti mentalnog zdravlja može da odredi da li neko pati od narcisoidnog poremećaja ličnosti (NPL) i to isključivo prateći dugotrajne testove i lične intervjue s osobom koju testovi tretiraju.

Mnogo je istine u tome da su narcisi u stanju da zavaraju i najiskusnije stručnjake, a ne samo laike. Isti znaci i simptomi mogu u jednakoj meri biti prisutni u nekoliko različitih psiholoških problema. Njihovo razlučivanje zahteva godine studija, specijalizovane obuke, stečenih kvalifikacija, ali i iskustvo.

Šta je patološki narcizam?

Patološki narcizam je doživotni obrazac osobina i ponašanja, koji ukazuje na zaljubljenost i opsednutost samim sobom, do granice isključivanja svih drugih, kao i egoističnu i beskrupuloznu potragu za ličnim zadovoljstvom, dominacijom i ispunjenjem ambicije.

Za razliku od zdravog narcizma, koji svi imamo, patološki narcizam je neprilagodljiv, krut, uporan i dovodi do ozbiljnog rastrojstva i funkcionalnog oštećenja.

Patološki narcizam je prvi put detaljno opisao Frojd u svom eseju „O Narcizmu“ (1914). Takođe, veliki doprinos prilikom proučavanja narcizma, dali su i: Melani Klajn, Karen Horni, Franc Kohut, Oto Kernberg, Teodor Milon, Elza Roningstam, Dž. G. Gunderson i Robert Her.

Šta je narcisoidni poremećaj ličnosti (NPL)?

Narcisoidni poremećaj ličnosti (NPL) nije novi psihološki konstrukt. Tokom prethodnih vekova, nazivali su ga „egoizmom“ ili „megalomanijom“. To je ekstremni oblik patološkog narcizma. Klasifikovan je kao poremećaj ličnosti klastera B (dramatični, emotivni ili nestabilni).

Drugi, klasterom B obuhvaćeni poremećaji ličnosti su i granični poremećaj ličnosti (GPL), antisocijalni poremećaj ličnosti (APL, ili psihopatija i sociopatija) i histrionični poremećaj ličnosti (HPL).

Narcisoidni poremećaj ličnosti (NPL) se prvi put, kao dijagnoza, pojavio u DSM III-TR 1980. godine, (Dijagnostičkom i statističkom priručniku).

Dijagnostički kriterijumi

MKB-10 (Međunarodna klasifikacija bolesti), koju je izdala Svetska zdravstvena organizacija (SZO) u Ženevi (1992), opisuje narcisoidni poremećaj ličnosti (NPL) na sledeći način: *„poremećaj ličnosti koji se ne uklapa ni u jedan od specifično poznatih naziva.“* Ona ga ubraja ga u kategoriju „ostalih specifičnih poremećaja ličnosti“ zajedno sa ekscentričnim, „haltloze“, nezrelim, pasivno-agresivnim i psihoneurotičnim poremećajima i tipovima ličnosti.

Američka psihijatrijska asocijacija, sa sedištem u Vašingtonu (SAD), objavila je četvrto izdanje Dijagnostičkog i statističkog priručnika mentalnih poremećaja, reviziju teksta (DSM IV-TR, 2000) i peto izdanje (2013), gde daje dijagnostičke kriterijume za narcisoidni poremećaj ličnosti (301.81, str. 669).

Oba DSM izdanja definišu narcisoidni poremećaj ličnosti (NPL) kao *„prožimajući obrazac grandioznosti (u fantaziji ili ponašanju), potrebu za divljenjem, nedostatak empatije; počevši od rane adolescencije i prisutan je u različitim kontekstima“*, kao što su porodični život i karijera.

Da bi se uspostavio uslov za dijagnozu narcsoidnog poremećaja ličnosti (NPL), mora biti ispunjeno pet ili više dijagnostičkih kriterijuma DSM-a.

Predloženi izmenjeni dijagnostički kriterijumi za narcisoidni poremećaj ličnosti (NPL)

[U tekstu koji sledi, dao sam predlog za modifikacije u postavci ovih kriterijuma, kako bih uključio i nova saznanja o ovom poremećaju. Moje modifikacije su ispisane kurzivom.]

[Moje izmene nisu deo zvaničnog DSM IV-TR, niti su vezane za Američku psihijatrijsku asocijaciju (APA) na bilo koji način.]

- Oseća se grandiozno i posebno (npr. preuveličava dostignuća, talente, *veštine, kontakte i osobine ličnosti, do tačke laganja, zahteva* da bude prepoznat kao superioran bez srazmernog dostignuća);
- *Opsednut je* fantazijama o bezgraničnom uspehu, *slavi, zastrašujućoj* moći ili *svemoći, nenadmašnom* sjaju (*cerebralni narcis*), *telesnoj* lepoti ili *seksualnoj veštini (somatski narcis)* ili idealnoj, *večnoj, nepobedivoj* ljubavi *ili strasti*;
- U potpunosti je uveren ili uverena da je jedinstven i, budući da je poseban, njega/nju mogu da razumeju, *ili bi trebalo bi da se prema njima odnose na poseban način* ili da se sa njima druže samo drugi posebni ili jedinstveni ljudi visokog statusa (ili institucije);
- Zahteva preterano divljenje, *podilaženje, pažnju ili afirmaciju, ili ako to ne uspe, traži da ga se plaše ili da bude ozloglašen (narcističko snabdevanje)*;
- Oseća urođeno pravo da bude privilegovan. *Zahteva automatsko i potpuno poštovanje* njegovih ili njenih nerazumnih očekivanja za poseban *favorizovan i prioritetan* tretman;
- „Interpersonalno iskorišćava", tj. *koristi* druge da bi postigao svoje ciljeve;
- *Lišen je empatije. Nije sposoban* ili nije voljan da se identifikuje, *da prizna ili prihvati* osećanja, potrebe, *preferencije, želje, prioritete i izbore* drugih;
- Stalno zavidi drugima i *teži da uništi predmete svoje zavisti ili izvora frustracije. Pati od deluzivnih osećaja progonjenosti (paranoje), jer on ili ona* veruje da i drugi tako misle o njemu ili njoj i da će *se isto tako destruktivno ophoditi prema njemu*;
- Ponaša se arogantno i nadmeno. *Oseća se superiorno, prezrivo, svemoćno, kao da sve zna, neuništivo, imuno, „iznad zakona" i sveprisutno (tzv. magijsko razmišljanje). Besni kada je frustriran, kada mu se suprotstavljaju ili protivreče* ljudi koje smatra inferiornima ili manje vrednima

Učestalost, starosne i rodne osobine

Svi mi smo do određene mere narcisi. Ali, zdrav narcizam ume da se adaptira, fleksibilan je, sposoban za empatiju, izaziva radost i sreću, pomaže nam da funkcionišemo. Patološki narcizam je neprilagođen, krut, uporan i izaziva značajan stres i funkcionalno oštećenje.

Prema DSM IV-TR, između 2% i 16% populacije je, u kliničkim uslovima (između 0.5-1% cele populacije) dijagnostifikovano narcisoidnim poremećajem ličnosti (NPL). Većina narcisa (50-75% prema DSM V) su muškarci. DSM V ukazuje da se „*između 0% i 6.2% uzoraka*" može dijagnostifikovati narcisoidnim poremećajem ličnosti, prema kriterijumima izloženim u DSM IV.

[Videti takođe: Psihoterapeutska procena i lečenje Narcisoidnog poremećaja ličnosti, Dr Roberta C. Švarca PhD, DAPA i Dr Šenon D. Smit PhD, DAPA (Američka psihijatrijska asocijacija, članak 3004, Anali Jul/Avgust 2002)]

Moramo pažljivo da razlikujemo narcističke osobine adolescenata – narcizam je sastavni deo njihovog zdravog ličnog razvoja – od poremećaja u punom smislu te reči. Adolescencija donosi procese samodefinisanja, razlikovanja, odvajanja od roditelja i individuacije. U njima se neizbežno ispoljava narcistička asertivnost, koju ne bi trebalo mešati sa narcisoidnim poremećajem ličnosti (NPL).

Narcisoidni poremećaj ličnosti (NPL) se pogoršava početkom starenja i fizičkim, mentalnim i profesionalnim ograničenjima koja ono nameće.

U određenim situacijama, kao u slučaju stalne javne kritike i izloženosti, prolaznu i reaktivnu formu narcisoidnog poremećaja ličnosti (NPL), primetio je Robert Milman i označio ju je kao „stečeni situacioni narcizam".

Postoji tek neznatan broj istraživanja o narcisoidnom poremećaju ličnosti (NPL), ali studije nisu pokazale nikakav kulturni, društveni, etnički, genetski, ekonomski ili profesionalni preduslov za stvaranje patološkog narcizma.

Komorbiditet i diferencijalne dijagnoze

Narcisoidni poremećaj ličnosti (NPL) je često dijagnostikovan uz ostale poremećaje mentalnog zdravlja („komorbiditet"), kao što su poremećaji ishrane, raspoloženja i poremećaji koji su nastali usled zloupotrebe psihoaktivnih supstanci. Pacijenti sa narcisoidnim poremećajem ličnosti (NPL) su često nasilni i imaju sklonost ka impulsivnom i nepromišljenom ponašanju („dualna dijagnoza").

Narcisoidni poremećaj ličnosti (NPL) se često dijagnostifikuje uz druge poremećaje ličnosti kao što su histrionični, granični, paranoidni i antisocijalni poremećaj ličnosti.

Potrebno je razlikovati lične karakteristike kod ljudi, koji pate od narcisoidnog poremećaja ličnosti (NPL), od ličnih karakteristika kod pacijenata sa drugim poremećajima ličnosti iz klastera B. Narcis je grandiozan, histrionik koketira, antisocijalni tip (psihopata) je bezosećajan, a osoba sa graničnim poremećajem je veoma zahtevna.

Za razliku od pacijenata sa graničnim poremećajem ličnosti, narcisova slika o sebi je stabilna. On ili ona su manje impulsivni, manje padaju u stanje očajanja i manje su samodestruktivni, ne pate toliko od kompleksa odbačenosti (ne prijanjaju, nisu labilni, niti su nepredvidivi kao granični tip).

Za razliku od histrioničnog pacijenta, narcis je usmeren ka ciljevima i ponosi se svojim imetkom ili dostignućima. Narcis takođe retko pokazuje svoje emocije kao histrionik i smatra da su osetljivost i potrebe drugih vredne prezira.

Prema DSM IV-TR, i narcisi i psihopate su *„tvrdoglavi, okretni, površni, iskorišćavaju druge i ne poseduju empatiju"*. Ali, narcisi su manje impulsivni, manje agresivni i manje lažljivi. Psihopate retko traže narcističko snabdevanje (pažnju i dodvoravanje). Nasuprot psihopatama, malo je narcisa koji završe kao profesionalni kriminalci.

Pacijenti sa opsesivno-kompulzivnim poremećajima su posvećeni postizanju savršenstva i veruju da isključivo oni mogu da ga postignu. Ali, nasuprot narcisima, oni su samokritični i u daleko većoj meri su svesni svojih mana i nedostataka.

Kliničke karakteristike narcisoidnog poremećaja ličnosti (NPL)

Patološki narcizam počinje u ranom detinjstvu, detinjstvu i ranoj adolescenciji. Obično se pripisuje zlostavljanju i traumama koje su im naneli roditelji, autoritarne osobe, pa čak i vršnjaci. Patološki narcizam je pre svega odbrambeni mehanizam, koji teži da bol i traumu udalji od „pravog Ja" žrtve i preusmere ga ka „lažnom Ja", koje narcis tumači kao svemoguće, nedodirljivo i sveznajuće. Narcis koristi lažno Ja kako bi regulisao svoj labilni osećaj sopstvene vrednosti, crpeći narcističko snabdevanje iz okruženja (kroz bilo koji vid pažnje, pozitivan ili negativan).

Postoji ceo spektar narcističkih reakcija, stilova i ličnosti: od lakših, reaktivnih i prolaznih do trajnih poremećaja ličnosti.

Pacijenti sa dijagnozom narcisoidnog poremećaja ličnosti (NPL) osećaju se povređeno, poniženo i prazno – kada ih kritikuju. Često reaguju s prezirom (devalvacijom), besom i prkosom na bilo kakvo, stvarno ili zamišljeno omalovažavanje. Kako bi izbegli takve situacije, neki pacijenti sa narcisoidnim poremećajem ličnosti (NPL) se povlače iz društva i stavljaju masku lažne poniznosti i skromnosti, kako bi sakrili sopstveni osećaj veličine. Distimični i depresivni poremećaji su česta reakcija na izolaciju i osećanja stida i neadekvatnosti.

Međuljudski odnosi pacijenata koji pate od narcisoidnog poremećaja ličnosti su obično narušeni baš zbog njihovog nedostatka empatije, zanemarivanja drugih, težnje ka iskorišćavanju, osećaju povlašćenosti i neprekidne potrebe za pažnjom (narcističkim snabdevanjem).

Premda su često ambiciozni, inteligentni i sposobni, njihova nesposobnost da tolerišu probleme, nesuglasice i kritiku, otežava pacijentima sa narcisoidnim poremećajem ličnosti da rade u timu ili da održe dugoročna profesionalna dostignuća. Narcisova umišljena grandioznost, često u sprezi sa hipomaničnim raspoloženjem, obično nije u saglasnosti sa njegovim ili njenim dostignućima iz stvarnog života („jaz grandioznosti").

Pacijenti kojima je dijagnostifikovan narcisoidni poremećaj ličnosti su ili „cerebralni" (narcističko snabdevanje zadovoljavaju putem intelekta ili akademskih dostignuća) ili „somatski" (narcističko snabdevanje zadovoljavaju putem spoljašnjeg izgleda, fizičke aktivnosti, seksualnog umeća, kao i romantičkih i fizičkih „osvajanja").

Pacijenti sa narcisoidnim poremećajem ličnosti su ili „klasični" (ispunjavaju barem pet od devet dijagnostičkih kriterijuma prema DSM-u) ili „kompenzatorni" (njihov narcizam kompenzuje duboko usađene osećaje inferiornosti i nedostatka samopoštovanja).

Neki narcisi su prikriveni ili invertovani narcisi. Kao oni koji su zavisni od drugih ljudi, često zadovoljavaju narcističko snabdevanje iz njihovog odnosa sa klasičnim narcisima.

Prema istraživanju, koje je izvršio 1201 terapeut i psiholog u kliničkoj praksi, prof. Dru Vesten sa Emori Univerziteta je postulirao postojanje tri podtipa narcisa:

1. Visokofunkcionalni ili egzibicionista: „*Ima prenaglašen osećaj sopstvene važnosti, ali je istovremeno elokventan, energičan, društven i ambiciozan.*" (Odgovara cerebralnom narcisu.)
2. Krhki ili ranjivi: „*Želi da se oseća važnim ili privilegovanim kako bi bolne osećaje neadekvatnosti i usamljenosti odbio od sebe.*" (Odgovara kompenzatornom narcisu.)
3. Grandiozni ili maligni: „*Ima prenaglašen osećaj sopstvene važnosti, oseća se privilegovanim, eksploatiše druge i žudi za moći.*" (Odgovara klasičnom narcisu.)

[Vesten, Dru i dr. Analiza konstrukta narcisoidnog poremećaja ličnosti: Dijagnostički kriterijumi i podtipovi, (Objavljeno na veb stranici http://ajp.psychiatryonline.org/pap.dtl)]

Lečenje i prognoza

Uobičajeni tretman za pacijente sa narcisoidnim poremećajem ličnosti (NLP) jeste terapija razgovorom (uglavnom se radi o psihodinamičkoj psihoterapiji ili kognitivno-bihevijoralnom pristupu). Terapija razgovorom se koristi za preoblikovanje narcističkog antisocijalnog, interpersonalno eksploatišućeg i disfunkcionalnog ponašanja, često sa izvesnim uspehom. Lečenje medikamentima se prepisuje zbog kontrole i ublažavanja pratećih stanja, kao što su opsesivno kompluzivni poremećaji ili poremećaji raspoloženja.

Prognoza za odraslu osobu, koja pati od narcisoidnog poremećaja ličnosti (NLP) je nepovoljna, iako se njegova prilagođenost životu i odnosima s drugima može poboljšati uz adekvatnu terapiju.

Narcisoidni poremećaj ličnosti prema DSM V kvalifikaciji mentalnih bolesti

DSM V redefiniše poremećaje ličnosti na sledeći način:

„Suštinske karakteristike poremećaja ličnosti su oštećenja u funkcionisanju ličnosti (sopstvenih ili međuljudskih odnosa) i prisustvo patoloških crta ličnosti.“

Prema alternativnom modelu DSM V, za poremećaje ličnosti (str. 767), sledeći kriterijumi moraju biti ispunjeni kako bi se postavila dijagnoza narcisoidnog poremećaja ličnosti (moji komentari su zagradama):

„*Umereno ili izraženije oštećenje u funkcionisanju ličnosti, bilo u odnosu prema identitetu ili prema samousmerenju* (ispravnije bi bilo: u oba).“

Identitet

Narcis je stalno upućen na druge, kako bi regulisao svoje samopouzdanje (tačnije, osećaj sopstvene vrednosti) i svoje „samopoimanje“ (da definiše svoj identitet). Njegovo samovrednovanje je prenaglašeno, bilo da je preuveličano, obezvređeno ili da oscilira između ova dva pola, a njegova emocionalna regulacija odražava te oscilacije.

(Na kraju, DSM V je prihvatio da narcisi mogu da imaju „kompleks inferiornosti“ i da se osećaju bezvredno i loše; da prolaze kroz cikluse uspona i padova u samoproceni; i da ovi ciklični procesi utiču na njihovo raspoloženje i afekat.)

Usmerenost na sebe

Narcis postavlja ciljeve kako bi stekao odobravanje drugih (narcističko snabdevanje; DSM V zanemaruje činjenicu da prosečan narcis jednako uživa u neodobravanju, sve dok ga to održava u centru pažnje). Što se tiče njegove sopstvene motivacije, narcisu nedostaje samosvest (kao i u svemu ostalom).

Narcisovi lični standardi i kriterijumi su ili previsoki (što podržava njegovu grandioznost) ili preniski (što učvršćuje njegovo osećanje povlašćenosti, koje je nesrazmerno sa njegovim stvarnim postignućima).

Poremećaji u međuljudskim odnosima se ogledaju ili u nedostatku empatije ili prisnosti (trebalo bi: u oba aspekta).

Empatija

Narcis teško može da se poistoveti sa emocijama i potrebama drugih, ali je veoma pronicljiv kada su njihove reakcije bitne za njega samog (hladna empatija). Posledica toga je da on ili precenjuje ili potcenjuje sopstveni uticaj (klasični narcis nikada ne potcenjuje svoj uticaj – ali prikriveni narcis to čini).

Intimnost

Veze u koje narcis ulazi, usmerene su isključivo na njegove potrebe i samim tim su plitke i površne. One su usredsređene i usmerene na regulisanje njegovog samopoštovanja (obezbeđivanje narcističkog snabdevanja zbog održavanja njegovog nestabilnog osećaja sopstvene vrednosti).

Narcis nije „iskreno" zainteresovan za intimna iskustva svog partnera (što podrazumeva da takvo interesovanje ume vrlo uverljivo da odglumi). On naglašava svoju potrebu za ličnom koristi (koristeći reč „potreba", DSM V ukazuje na prisilnu i zavisničku prirodu narcističkog snabdevanja). Ova dva osnovna obeležja narcisovih odnosa čine ih jednostranim: bez uzajamnosti, bez reciprociteta (bez intimnosti).

Patološke osobine ličnosti

Antagonizam, koji karakteriše osećaj grandioznosti i potreba za pažnjom.

Grandioznost

Ovaj pojam obuhvata već pomenuti osećaj privilegovanosti. DSM V dodaje da ona može biti otvorena ili prikrivena (što odgovara mojoj kategorizaciji klasičnog i prikrivenog narcisa).

Grandioznost se odlikuje egocentrizmom; čvrstim uverenjem u sopstvenu superiornost (aroganciju ili oholost), kao i pokroviteljskim ili snishodljivim stavom prema drugima.

Potreba za pažnjom

Narcis ulaže nesrazmerno mnogo truda, vremena i resursa kako bi privukao druge (izvori narcističkog snabdevanja) i postavio sebe u fokus i središte pažnje. On traži da mu se dive (DSM V ovde u potpunosti greši: istina je da narcis više voli da bude obožavan i da mu se laska, ali ako to izostane, bilo kakva pažnja mu je dovoljna, pa čak i negativna).

Dijagnostički kriterijumi se završavaju klauzulama o odricanju od odgovornosti i diferencijalnim dijagnozama, koje su rezultat godina istraživanja i novih saznanja:

Navedeni poremećaji bi trebalo da budu *„stabilni tokom vremena i prisutni u različitim situacijama ... oni se ne mogu bolje razumeti kao normativni za individualnu razvojnu fazu ili sociokulturno okruženje ... i ne mogu se objasniti isključivo direktnim fiziološkim efektima neke supstance (npr. zlouotrebe narkotika ili lekova) ili opšteg medicinskog stanja (npr. teške povrede glave).“*

Psihološki odbrambeni mehanizmi

Prema Frojdu i njegovim sledbenicima, naša psiha je bojno polje između instinktivnih nagona i poriva (id), ograničenja kojima stvarnost staje na put zadovoljenju tih impulsa (ego) i društvenih normi (superego). Ova stalna unutrašnja borba stvara ono što je Frojd nazvao „neurotičnom anksioznošću“ (strah od gubitka kontrole) i „moralnom anksioznošću“ (osećaj krivice i stida).

Međutim, ovo nisu jedine vrste anksioznosti koje postoje. „Anksioznost od stvarnosti“ je strah od istinskih pretnji i ona se kombinuje sa prethodnim dvema, stvarajući bolestan i nadrealan unutrašnji svet.

Ove brojne, povratne „mini-panike“ (kombinovane anksioznosti) mogu postati nepodnošljive, nadmoćne i destruktivne – stoga je potrebno braniti se od njih. Postoji mnogo mehanizama odbrane. Sledi pregled onih najčešćih:

Akting aut (Glumatanje – iskazivanje kroz postupke)

Kada se unutrašnji sukob (najčešće je to frustracija) izražava kroz agresiju, onda ovaj mehanizam podrazumeva impulsivno delovanje, uz malo ili nimalo introspekcije ili refleksije, s ciljem da se privuče pažnja i naruši spokoj drugih ljudi.

Poricanje

Ovo je možda najprimitivniji i najpoznatiji mehanizam odbrane. Ljudi jednostavno ignorišu neprijatne činjenice, filtriraju informacije i sadržaje koji su u suprotnosti s njihovom slikom o sebi, predrasudama i unapred stvorenim predstavama o drugim ljudima i svetu oko sebe.

Devalvacija (Obezvređivanje)

Pripisivanje negativnih ili inferiornih osobina sebi ili drugima. Ovaj postupak ima za cilj da se osoba koja je predmet devalvacije – kazni, kao i da se umanji njen uticaj i značaj u očima onoga ko je obezvređuje. Kada se sopstveno ja – devalvira, to onda postaje čin samoporažavanja i samouništenja.

Pomeranje

Kada ne možemo da se suočimo s pravim izvorima naše frustracije, bola ili zavisti, skloni smo da svoju agresiju usmerimo ka slabijima ili manje bitnima, jer ih doživljavamo kao manju pretnju. To je nešto što deca često rade, jer konflikte s roditeljima i starateljima vide kao pretnju opasnu po život. Umesto da im se suprotstave, izlaz pronalaze u maltretiranju mačke, vršnjačkom nasilju u školi ili iskaljivanju besa nad braćom i sestrama.

Disocijacija

Naše mentalno postojanje je kontinuirano. Mi održavamo neometan tok sećanja, svesti, opažanja i predstava o unutrašnjem i spoljašnjem svetu. Kada se suočimo s užasima i nepodnošljivim istinama, ponekad se „isključimo“. Gubimo osećaj za prostor, vreme i kontinuitet sopstvenog identiteta. Postajemo „neko drugi", sa minimalnom svešću o okruženju, informacijama koje primamo i okolnostima u kojima se nalazimo. U ekstremnim sluča jevima, kod nekih ljudi dolazi do trajnog rascepa ličnosti, što se naziva Disocijativni poremećaj identiteta (DID).

Fantazija

Svi mi ponekad maštamo. Fantazija nam pomaže da pobegnemo od sumorne i turobne svakodnevice i da osmislimo planove za neizvesnu budućnost. Međutim, kada ona postane osnovni način suočavanja s unutrašnjim sukobima, istom prerasta u patološku pojavu. Traženje zadovoljstva – ispunjenja nagona ili želja – isključivo kroz maštanje, jeste nezdrava odbrana. Narcisi, na primer, često tonu u grandiozne fantazije, koje su nesrazmerne njihovim postignućima i sposobnostima. Takav život u svetu iluzija, sputava lični razvoj i napredak, jer zauzima mesto istinskog suočavanja sa stvarnošću.

Idealizacija

Još jedan od odbrambenih mehanizama u narcisovom arsenalu (ali, u nešto manjoj meri i osoba sa graničnim i histrioničnim poremećajem ličnosti) jeste pripisivanje pozitivnih, sjajnih i uzvišenih osobina sebi i (češće) drugima. Ono što razlikuje zdravu od patološke idealizacije jeste sposobnost provere stvarnosti. Pripisivanje pozitivnih osobina sebi ili drugima je dobro, ali samo ukoliko su te osobine stvarne i utemeljene na čvrstom razumevanju onoga šta istina jeste, a šta nije.

Izolacija afekta

Saznanje (misli, pojmovi, ideje) nikada nije potpuno odvojeno od emocija. Konflikt se može izbeći odvajanjem kognitivnog sadržaja (na primer, uznemiravajućih ili depresivnih zamisli) od njihove emocionalne uzajamne veze. Osoba je potpuno svesna činjenica ili intelektualnih dimenzija problematične situacije, ali se oseća otupelo. Odbacivanje pretećih i neprijatnih osećanja predstavlja snažan način za suočavanje s konfliktom, ali na kratke staze. Međutim, kada takva praksa postane ustaljena navika, ona prerasta u autodestruktivno ponašanje.

Svemoć (Omnipotencija)

Kada neko ima sveprožimajući osećaj i predstavu o sebi kao neverovatno moćnom, nadmoćnom, neodoljivom, inteligentnom ili uticajnom biću, to nije usvojena poza, već duboko ukorenjeno, neiskorenjivo unutrašnje uverenje, koje se graniči s magijskim mišljenjem. Njegova namera je da odbrani pojedinca od očekujuće tegobe, koju bi donelo suočavanje sa sopstvenim manama, nesposobnostima ili ograničenjima.

Projekcija

Svi mi imamo predstavu o tome kakvi bismo „trebali da budemo“. Frojd ju je nazvao „ego idealom“. No, ponekad doživljavamo emocije, nagone ili posedujemo osobine, koje se ne uklapaju u ovaj idealizovani konstrukt. Projekcija nastaje kada te neprihvatljive, neprijatne i bolesno neskladne osobine i osećanja pripisujemo drugima. Na taj način se odričemo svog unutrašnjeg nesklada, dajući sebi za pravo da kritikujemo i osuđujemo druge ljude zbog toga što ih oni imaju ili ispoljavaju. Kada čitave zajednice (nacije, grupe, organizacije, kompanije) pribegavaju projekciji, Frojd to naziva „narcizmom malih razlika“.

Projektivna identifikacija

Projekcija je nesvesna. Ljudi su retko kada svesni da na druge projektuju sopstvene ego-distonične i neprijatne osobine i osećanja. Međutim, ponekad sadržaj te projekcije ostaje prisutan u njihovoj svesti, što dovodi do unutrašnjeg konflikta. S jedne strane, pacijent ne može da prizna da su emocije, osobine, reakcije i ponašanja, koje toliko osuđuje kod drugih, zaista i njegove. S druge strane, ne može a da ih ne bude svestan. On ne uspeva iz svoje svesti da izbriše bolno saznanje, da je ono čime se i sam u velikoj meri bavi, samo projekcija.

Dakle, umesto da to negira, pojedinac počinje da tumači sopstvene neprijatne emocije i neprihvatljivo ponašanje kao reakciju na postupke druge osobe. „Ona me je naterala da to uradim!“ – to je ratni poklič projektivne identifikacije.

Svi mi imamo određena očekivanja od sveta i od ljudi oko nas. Neki očekuju ljubav i uvažavanje, dok drugi veruju da će biti predmet straha i zlostavljanja. Ovi potonji, često se ponašaju provokativno i odbojno, primoravajući tako svoje bližnje da ih zaista mrze, da ih se plaše i da ih „zlostavljaju“. Time dobijaju opravdanje za sopstvena očekivanja, nalaze olakšanje i svet im ponovo postaje poznat i predvidiv – jer su naterali druge da se ponašaju upravo onako kako su od njih i očekivali. „Znao sam da ćeš me prevariti! Sad mi je jasno da nije trebalo da ti verujem!“

Racionalizacija ili intelektualizacija

Ovim mehanizmom se sopstveno ponašanje naknadno prikazuje u povoljnom svetlu. Opravdavanje i objašnjavanje sopstvenih postupaka – ili, češće prestupa – pozivanjem na „racionalna, logična i društveno prihvatljiva" tumačenja i izgovore. Racionalizacija takođe služi za ponovno uspostavljanje ego-sintonije, odnosno unutrašnjeg mira i samoprihvatanja.

Iako, strogo uzevši to nije mehanizam odbrane, kognitivna disonanca se može smatrati jednim vidom racionalizacije. Ona se izražava kroz govor, kojim se umanjuje vrednost stvari i ljudi, koje osoba silno želi, ali koji joj ostaju frustrirajuće nedostupni i izvan kontrole. U poznatoj basni, lisica, nesposobna da dohvati sočne grozdove kojima teži, kaže: „Ionako su verovatno kiseli!" Ovo je klasičan primer kognitivne disonance na delu.

Reaktivna formacija

Usvajanje stava i načina ponašanja, koji prkose lično neprihvatljivim mislima ili nagonima kroz izražavanje dijametralno suprotnih osećanja i uverenja. Primer: latentni (skriveni) homoseksualac doživljava svoju seksualnu sklonost kao neprihvatljivu i duboko sramotnu (egodistoničnu). Zbog toga pribegava homofobiji – javno ismeva, provocira i napada homoseksualce. Uz to, može prekomerno da ističe svoju heteroseksualnost naglašavanjem svoje seksualne moći ili može često da posećuje barove za samce, vrebajući način za lako upoznavanje i osvajanje. Na taj način, on potiskuje i izbegava suočavanje sa sopstvenom neželjenom homoseksualnošću.

Represija (Potiskivanje)

Ukljanjanje zabranjenih misli i želja iz svesti. Ipak, potisnuti sadržaj ne nestaje – on uvek ostaje snažan, previre u nesvesnom i može da izazove unutrašnje konflikte i anksioznost, kao i da podstakne druge odbrambene mehanizme, koji pomažu u njihovom prevazilaženju.

Cepanje

Ovo je „primitivan“ odbrambeni mehanizam. Drugim rečima, on počinje da deluje još u najranijem detinjstvu. Podrazumeva nesposobnost da se suprotstavljene osobine istog objekta objedine u jedinstvenu i koherentnu sliku. Majka ima i dobre i loše osobine – ponekad je brižna i pažljiva, a ponekad odsutna i hladna. Beba nije u stanju da sagleda složenost njene ličnosti. Umesto toga, u svojoj svesti stvara dva odvojena pojma (entiteta), „loša majka“ i „dobra majka“. Sve što ono kod majke doživljava kao prijatno i pozitivno pripisuje „dobroj majci“, dok sve što joj smeta ili ne voli, skladišti u „lošu majku“.

To znači da, kada se majka lepo ponaša, dete se odnosi prema idealizovanoj slici „dobre majke“, dok je, u situacijama kada majka padne na testu, beba obezvređuje tako što u svom umu uspostavlja kontakt sa „lošom majkom“. Ovi ciklusi idealizacije i omalovažavanja često se javljaju kod određenih poremećaja ličnosti, naročito narcističkog i graničnog poremećaja.

Cepanje se može primeniti i na sopstveni doživljaj sebe. Pacijenti sa poremećajima ličnosti često uveličavaju i idealizuju sopstvenu sliku do fantastičnih i grandioznih razmera, da bi je zatim surovo obezvredile, zamrzele sebe, pa čak i nanosile sebi povrede, kada ne ispune svoja očekivanja ili su na neki drugi način frustrirane.

Sublimacija

Preusmeravanje i pretvaranje neprihvatljivih osećanja u društveno prihvatljivo ponašanje. Frojd je opisao kako se seksualne želje i nagoni mogu transformisati u kreativne aktivnosti ili politički angažman.

Poništavanje

Nastojanje da se osoba oslobodi mučnih osećanja krivice kroz kompenzaciju nanete štete, bilo simbolično ili stvarno.

Psihološki testovi

Uvod

Procena ličnosti je možda više umetnost nego nauka. U nastojanju da je učine što objektivnijom i standardizovanijom, generacije kliničara su razvile psihološke testove i strukturisane intervjue. Oni se sprovode u istim uslovima i koriste identične podsticaje kako bi od ispitanika prikupili relevantne informacije. Tako, svaka razlika u odgovorima pojedinaca, može biti i pripisuje se, upravo jedinstvenosti njihovih ličnosti.

Štaviše, većina testova ograničava spektar dopuštenih odgovora. Na primer, u *Minnesota Multiphasic Personality Inventory II* , „Minesota višefaznom inventaru ličnosti (MMPI-2)", jedini mogući odgovori su „tačno" ili „netačno". Bodovanje ili kodiranje rezultata odvija se automatski – svaki odgovor „tačno" donosi određeni broj poena na jednoj ili više skala, dok odgovor „netačno" ne donosi nijedan.

Ovo ograničava ulogu dijagnostičara na interpretaciju rezultata testa, odnosno tumačenje dobijenih skala. No, tumačenje je nesumnjivo značajnije od samog prikupljanja podataka. Stoga se ljudski faktor, sa svim svojim neizbežnim pristrasnostima, ne može u potpunosti isključiti iz procesa procene i evaluacije ličnosti. Ipak, zahvaljujući sistematičnosti i nepristrasnoj prirodi osnovnih instrumenata (testova), njegov potencijalno štetan uticaj je donekle obuzdan.

Ipak, umesto da se oslone na jedan upitnik i njegovu interpretaciju, većina stručnjaka primenjuje čitav niz testova i strukturiranih intervjua na istom ispitaniku. Ovi instrumenti se često razlikuju u značajnim aspektima – formatu odgovora, podsticajima, načinu sprovođenja i metodologiji ocenjivanja. Štaviše, kako bi se utvrdila pouzdanost nekog testa, mnogi dijagnostičari ga više puta primenjuju na istom klijentu u različitim vremenskim intervalima. Ukoliko su interpretirani rezultati manje-više isti, test se smatra pouzdanim.

Rezultati različitih testova moraju biti međusobno usklađeni. Posmatrani zajedno, trebalo bi da pruže doslednu i koherentnu sliku. Ukoliko jedan test sistematski daje rezultate, koji su u neskladu sa zaključcima drugih upitnika ili intervjua, njegova validnost je takođe upitna – drugim rečima, možda uopšte ne meri ono što tvrdi da meri.

Tako, test kojim se meri nečija grandioznost mora biti usklađen sa rezultatima testova koji mere nespremnost da se priznaju sopstveni nedostaci ili sklonost ka predstavljanju idealizovane, socijalno poželjne slike o sebi („lažno ja"). Ako test grandioznosti pokazuje pozitivnu povezanost sa potpuno nepovezanim i konceptualno nezavisnim osobinama, poput inteligencije ili depresije, to ne doprinosi njegovoj validnosti.

Većina testova pripada jednoj od dve kategorije – objektivnima ili projektivnima. Psiholog Džordž Keli je ponudio duhovitu definiciju obe vrste, u članku iz 1958. godine, pod naslovom „Čovekova konstrukcija njegovih alternativa", koji je uključen u knjigu „Procena ljudskih motiva", koju je uredio Dž. Lindzi:

„Kada se od ispitanika traži da pogodi šta ispitivač misli, govorimo o objektivnom testu; kada ispitivač pokušava da pogodi šta ispitanik misli, to nazivamo projektivnim instrumentom."

Ocenjivanje objektivnih testova je u potpunosti kompjuterizovano (bez ljudskog učešća). Primeri takvih standardizovanih instrumenata uključuju MMPI-II (Minesota višefazni inventar ličnosti), Kalifornijski psihološki inventar (CPI) i Milonov klinički multiaksijalni inventar II. Najzad, u stvarnosti, čovek je taj koji tumači značenje podataka prikupljenih ovim upitnicima. Interpretacija, na kraju, zavisi od znanja, iskustva, obuke, veština i prirođene darovitosti terapeuta ili dijagnostičara.

Za razliku od njih, projektivni testovi su znatno manje strukturisani i samim tim daleko dvosmisleniji. Kako je L. K. Frank zapazio, u svom članku iz 1939. godine, pod naslovom „Projektivne metode u proučavanju ličnosti":

„(Odgovori pacijenta na ovakve testove predstavljaju projekciju njegovog) pogleda na život, njegovih značenja, značaja, obrazaca, a naročito njegovih osećanja."

U projektivnim testovima odgovori nisu unapred zadati, a njihovo ocenjivanje u potpunosti zavisi od ljudske procene, što neizbežno podrazumeva određeni stepen pristrasnosti. Kliničari retko dolaze do istovetnih interpretacija i često primenjuju različite metode bodovanja, što dovodi do neusaglašenih rezultata. U ovakvom pristupu, ličnost samog dijagnostičara dobija na značaju. Najpoznatiji od ovih „testova" jeste Roršahov set mrlja od mastila.

Test MMPI-II

MMPI (Minesota višefazni inventar ličnosti), koji su sastavili Hatavej (psiholog) i Mekinli (lekar), predstavlja rezultat decenijskih istraživanja u oblasti poremećaja ličnosti. Revidirana verzija, MMPI-2, objavljena je 1989. godine, ali je primljena s oprezom. MMPI-2 je promenio metodologiju ocenjivanja i neke od normativnih podataka. Zbog toga je bilo teško uporediti ovaj test sa njegovom veoma poštovanom (i često validiranom) prvobitnom varijantom.

MMPI-2 se sastoji od 567 binarnih (tačno ili netačno) pitanja. Svako pitanje zahteva od subjekta da odgovori: „Ovo je tačno (ili netačno) u odnosu na mene". Ne postoje „ispravni" odgovori. Knjiga sa uputstvom omogućava dijagnostičaru da izvrši približnu procenu pacijenta (uz pomoć „osnovne skale") na osnovu prvih 370 pitanja (iako se preporučuje da se obradi svih 567 pitanja).

Na osnovu brojnih istraživanja, pitanja su raspoređena prema određenim razmerama, odnosno skalama. Odgovori se upoređuju sa odgovorima koje su dali „kontrolni subjekti". Skale omogućavaju dijagnostičaru da identifikuje karakteristike i mentalne probleme na osnovu ovih upoređivanja. Drugim rečima, ne postoje odgovori koji su „tipični za paranoidne, narcisoidne ili antisocijalne pacijente“. Postoje samo odgovori koji odstupaju od opšteg statističkog obrasca i oni koji su u skladu sa reakcijama drugih pacijenata sa sličnim rezultatima. Priroda tog odstupanja određuje karakteristike i tendencije pacijenta – ali ne i njegovu ili njenu dijagnozu!

Tumačenje rezultata MMPI-2 je formulisano ovako: „Rezultati testa svrstavaju subjekta X u ovu grupu pacijenata koji su, statistički gledano, reagovali slično. Rezultati testa, takođe, izuzimaju subjekta X od ovih grupa ljudi koji su, statistički gledano, odgovorili drugačije“. Rezultati testa neće nikada reći: „Subjekt X pati od (ovog ili onog) mentalnog zdravstvenog problema“.

Test MMPI-2 sadrži tri skale validnosti i deset kliničkih skala u svojoj originalnoj verziji, ali drugi naučnici su izveli na stotine dodatnih skala. Na primer, kao pomoć pri dijagnostici poremećaja ličnosti, većina dijagnostičara koristi ili MMPI-I sa Mori-Vo-Blašfild skalama u kombinaciji sa Viginsovim sadržajnim skalama – ili (ređe) MMPI-2 ažuriran sa skalama Koligana-Morija-Oforda.

Skale validnosti pokazuju da li je pacijent odgovorio iskreno i tačno ili je pokušavao da manipuliše testom. One prepoznaju obrasce. Neki pacijenti žele da izgledaju normalno (ili abnormalno) i dosledno biraju ono što smatraju „ispravnim“ odgovorima. Ovakav oblik ponašanja aktivira skale validnosti. One su toliko osetljive da mogu da ukažu čak i na to da li je subjekt izgubio mesto na listi sa odgovorima i nasumično odgovarao! Skale validnosti takođe upozoravaju dijagnostičara na probleme u razumevanju teksta i druge neusaglašenosti u obrascima odgovora.

Kliničke skale su dimenzionalne (iako ne višefazne, kako podrazumeva naziv testa). One mere hipohondriju, depresiju, histeriju, psihopatsku devijaciju, maskulinitet-femininitet, paranoju, psihasteniju, šizofreniju, hipomaniju i socijalnu introvertnost. Postoje i skale za alkoholizam, posttraumatski stresni poremećaj (PTSP) i poremećaje ličnosti.

Tumačenje MMPI-2, danas je u potpunosti kompjuterizovano. Računar prima podatke o pacijentovoj starosti, polu, obrazovanju i bračnom statusu i zatim radi sve ostalo. Ipak, mnogi naučnici su kritikovali način ocenjivanja MMPI-2.

Test MCMI-III

Treće izdanje ovog popularnog testa, Milonov klinički multiaksijalni inventar MCMI-III (*Millon Clinical Multiaxial Inventory*), objavljeno je 1996. godine. Sa 175 pitanja, znatno je kraći i jednostavniji za primenu i tumačenje u odnosu na MMPI-II. Test MCMI-III služi za dijagnostikovanje poremećaja ličnosti i poremećaja prve ose (*Axis I*), ali ne i drugih mentalnih tegoba. Ovaj inventar je zasnovan na Milonovom multiaksijalnom modelu, prema kojem dugotrajne osobine i karakteristike pojedinca stupaju u interakciju sa kliničkim simptomima.

Pitanja u MCMI-III testu se oslanjaju na dijagnostičke kriterijume DSM-a. Milon sam daje sledeći primer (*Millon & Davis, Personality Disorders in Modern Life*, 2000, str. 83–84):

„... *Prvi kriterijum za zavisni poremećaj ličnosti prema DSM-IV glasi: 'Ima poteškoće u donošenju svakodnevnih odluka bez preterane količine saveta i ohrabrenja od drugih.' Njegov pandan u MCMI-III testu je izjava: 'Ljudi lako mogu da promene moje mišljenje, čak iako sam bio ubeđen da sam odluku već doneo.'* ... "

MCMI-III obuhvata 24 kliničke skale i 3 modifikatorske skale. Modifikatorske skale služe za procenu: **otvorenosti** u iskazivanju – sklonost ka umanjivanju ili preuveličavanju psihopatologije, **poželjnosti** – tendencije ka socijalno poželjnim odgovorima, **omalovažavanja** – isključivo odabiranje odgovora koji snažno ukazuju na psihopatologiju. Zatim, **kliničke obrasce** (skale) ličnosti, koji predstavljaju blaga do umerena odstupanja u strukturi ličnosti, koji obuhvataju: šizoidni, izbegavajući, depresivni, zavisni, histrionični, narcisoidni, antisocijalni, agresivni (sadistički), kompulzivni, negativistički i mazohistički tip ličnosti. Milon smatra da su šizotipni, granični i paranoidni poremećaji ličnosti najteži oblici poremećaja i njima posvećuje ove tri skale.

Poslednjih deset skala je posvećeno poremećajima na prvoj osi (*Axis I*) i drugim kliničkim sindromima: anksioznom poremećaju, somatoformnom poremećaju, bipolarnom maničnom poremećaju, distimičnom poremećaju, zavisnosti od alkohola, zavisnosti od psihoaktivnih supstanci, posttraumatskom stresnom poremećaju, poremećaju mišljenja, velikoj depresiji i deluzionom poremećaju.

Ocenjivanje je jednostavno i kreće se u rasponu od 0 do 115 po svakoj skali, pri čemu rezultat od 85 i više, ukazuje na patologiju. Konfiguracija rezultata, za sve 24 skale pruža ozbiljan i pouzdan uvid u psihološki profil testirane osobe.

Kritičari MCMI-III testa ličnosti ističu da on preterano pojednostavljuje složene kognitivne i emocionalne procese, da se previše oslanja na Milonov multiaksijalni model, koji je daleko od dokazanog i prihvaćenog u psihološkom mejnstrimu, kao i da je podložan pristrasnosti u fazi interpretacije rezultata.

Roršahov test

Švajcarski psihijatar, Herman Roršah, je razvio set mrlja od mastila, kako bi testirao ispitanike u okviru svog kliničkog istraživanja. U monografiji iz 1921. godine (objavljenoj na engleskom jeziku 1942. i 1951. godine), Roršah je postavio hipotezu da ove mrlje izazivaju konzistentne i slične odgovore kod različitih grupa pacijenata. Od originalnog skupa, danas se u dijagnostičke svrhe koristi samo deset mrlja. Sistematizaciju administracije i bodovanja testa je načinio Džon Egzner, kombinujući najbolje aspekte nekoliko metoda, koje su se u to vreme koristile (npr. Bek, Kloper, Rapaport, Singer).

Roršahove mrlje od mastila predstavljaju dvosmislene oblike, odštampane na kartama veličine 18×24 cm, u crno-beloj i kolornoj varijanti. Njihova neodređenost podstiče ispitanika na slobodne asocijacije. Dijagnostičar podstiče ovaj tok fantazije, postavljajući pitanja poput: „Šta je ovo? Šta bi ovo moglo biti?“ Onda zapisuje doslovne odgovore pacijenta, kao i prostorni položaj i orijentaciju mrlje. Primer takvog zapisa može izgledati ovako: „Karta V naopako – dete sedi na tremu i plače, čekajući da se majka vrati.“

Nakon što prođe kroz ceo špil, ispitivač čita naglas sve prethodne odgovore, tražeći od pacijenta da pojedinačno objasni zbog čega je kartu interpretirao na određeni način. „Šta vas je na karti V navelo da pomislite na napušteno dete?" U ovoj fazi pacijent može dodati nove detalje i razraditi prvobitni odgovor. Sve se ponovo beleži, a ispitanik se dodatno ispituje šta ga je u karti ili u prethodnom odgovoru podstaklo da doda nove elemente.

Proces bodovanja Roršahovog testa je veoma zahtevan. Zbog njegove „literarne" prirode, ne postoji uniforman, automatizovan sistem ocenjivanja.

Metodološki gledano, ocenjivač za svaku kartu beleži četiri osnovna elementa:

I *Lokacija* – Koji delovi mrlje su izdvojeni ili istaknuti u odgovorima ispitanika? Da li je pacijent odgovorom uputio na celokupnu mrlju, neki detalj (ako jeste, da li je to bio uobičajen ili neobičan detalj) ili na bele prostore?

II *Determinanta* – Da li mrlja liči na ono što je pacijent video na njoj? Koji delovi mrlje odgovaraju vizuelnoj fantaziji i narativu ispitanika? Da li je to forma mrlje, boja, tekstura, pokret, dimenzionalnost, senčenje ili simetrično uparivanje?

III *Sadržaj* – Koju od 27 Egznerovih kategorija sadržaja je pacijent izabrao (ljudsku figuru, životni detalj, krv, vatru, seks, rendgen, itd.)?

IV *Popularnost* – Odgovori pacijenta se upoređuju sa ukupnom raspodelom odgovora među ljudima koji su bili testirani do tada. Statistički, određene karte su povezane sa specifičnim slikama i narativima. Na primer: karta I često izaziva asocijacije na kornjače ili leptire. Šesti najpopularniji odgovor za kartu IV je „životinjska koža ili ljudska figura obučena u krzno".

V *Organizaciona aktivnost* – Koliko je koherentan i organizovan narativ pacijenta i koliko dobro on/ona povezuje različite slike?

VI *Kvalitet forme* – Koliko dobro „percepcija" pacijenta odgovara mrlji? Postoje četiri kategorije odličan (+), običan (o), slab (w) i minus (-). Egzner je minus definisao kao: *„Iskrivljeno arbitrarnu, nerealnu upotreba forme u odnosu na ponuđeni sadržaj, gde je odgovor nametnut oblasti mrlje sa potpunim ili skoro potpunim zanemarivanjem strukture u ravni.“*

Interpretacija ovog testa se oslanja i na osvojene bodove i na ono što znamo o mentalnim zdravstvenim poremećajima. Test može iskusnog dijagnostičara da poduči na koji način ispitanik obrađuje informacije i šta čini sadržaj i strukturu njegovog unutrašnjeg sveta. Ove informacije pružaju značajan uvid u pacijentov odbrambeni mehanizam, test stvarnosti, inteligenciju, imaginarni svet i psihoseksualnu strukturu.

Ipak, Roršahov test je veoma subjektivan i u velikoj meri zavisi od veština i obrazovanja dijagnostičara. Zato se ne može koristiti kao pouzdan instrument za dijagnostiku pacijenata. On jednostavno skreće pažnju na pacijentove odbrambene mehanizme i njegov lični stil.

Test tematske apercepcije (TAT)

Test tematske apercepcije (TAT) sličan je Roršahovom testu. Ispitanicima se pokazuju slike i od njih se traži da ispričaju priču zasnovanu na onome što vide. Oba ova projektivna metoda procene otkrivaju važne informacije o dubokim psihološkim strahovima i potrebama. TAT su, 1935. godine, razvili Morgan i Marej. Ironija je u tome što je ovaj test u početku korišćen prilikom istraživanja normalnih ličnosti i primenjen na Harvardskoj klinici za psihologiju.

Test se sastoji od 31 karte. Jedna je prazna, a preostalih trideset sadrže zamagljene, ali snažne, pa čak i uznemirujuće fotografije i crteže. U početku je Marej osmislio samo 20 karata, koje je podelio u tri grupe: B (samo za dečake), G (samo za devojčice) i M-ili-F (za oba pola).

Karte obrađuju univerzalne teme. Tako na primer, karta broj 2 prikazuje seosku scenu: u pozadini je čovek koji naporno obrađuje njivu; delimično ga zaklanja žena koja nosi knjige; starija žena stoji u mestu i posmatra ih oboje. Na karti 3BM dominira prizor sofe uz koju je naslonjen mali dečak – glava mu počiva na desnoj ruci, a kraj njega, na podu, leži revolver.

Karta 6GF ponovo prikazuje sofu. Na njoj sedi mlada žena, čiju pažnju okupira stariji muškarac koji puši lulu i razgovara s njom. Ona ga posmatra preko ramena, te joj lice nije jasno vidljivo. Još jedna mlada žena se pojavljuje na karti 12F, ali je ovog puta suprotstavljena blago pretećoj, namrštenoj starici, čija je glava pokrivena šalom. Muškarci i dečaci u TAT testovima, izgledaju kao da su stalno pod stresom i u stanju disforije. Tako na primer, karta 13MF prikazuje mladića spuštene glave koju pridržava rukom. Nasuprot njemu, u istoj prostoriji, jedna žena nepomično leži u krevetu.

S pojavom objektivnih testova, poput MMPI i MCMI, projektivni testovi poput TAT-a su izgubili na značenju i ugledu. Danas se TAT retko primenjuje. Savremeni ispitivači koriste 20 ili manje karata, birajući ih na osnovu svoje „intuicije“ o onome što bi kod pacijenta mogle biti problematične oblasti. Drugim rečima, dijagnostičar najpre pretpostavlja šta bi moglo biti pogrešno kod pacijenta, a tek potom odlučuje koje karte će mu prikazati kroz test! Ovakvom primenom, TAT postaje samoispunjavajuće proročanstvo i gubi dijagnostičku vrednost.

Ispitivač doslovno beleži pacijentove reakcije, u vidu kratkih narativa. Neki stručnjaci podstiču ispitanika da opiše posledice ili ishode priča, ali ovakva praksa je već izazvala dosta polemika.

Ocenjivanje i tumačenje TAT-a se odvijaju istovremeno. Marej je predložio da se identifikuje heroj svake priče (lik koji predstavlja pacijenta); unutrašnja stanja i potrebe pacijenta, koji se mogu zaključiti na osnovu aktivnosti ili izbora zadovoljstava; ono što Marej naziva „pritiskom“, odnosno okruženjem koje nameće ograničenja heroju; kao i tema, odnosno motivi koje heroj razvija kao odgovor na sve ove faktore.

Očigledno je da TAT pruža široku mogućnost različitih interpretativnih sistema usmerenih na unutrašnja stanja, motivacije i potrebe. Uistinu, mnoge škole psihologije razvile su sopstvene načine tumačenja TAT-a. Stoga se može reći da nam ovaj test više otkriva o samoj psihologiji i psiholozima nego o njihovim pacijentima!

Strukturisani intervjui

Strukturisane kliničke intervjue (SCID-II) formulisali su, 1997. godine, Ferst, Gibon, Spicer, Vilijams i Bendžamin. Ovaj instrument dosledno prati kriterijume za poremećaje ličnosti definisane u osi II, DSM-IV. Shodno tome, intervju je podeljen na 12 grupa pitanja, od kojih je svaka usklađena sa jednim od 12 poremećaja ličnosti. Sistem bodovanja je jednostavan: osobina može biti odsutna, ispod praga, prisutna ili se može konstatovati „nedovoljno informacija za kodiranje".

Ono što SCID-II čini jedinstvenim jeste mogućnost da se primeni ne samo na samog ispitanika, već i na treća lica – supružnika, blisku osobu ili kolegu – a da pritom i dalje obezbedi pouzdanu dijagnostičku indikaciju. Test sadrži i probne uzorke (vrstu „kontrolnih" stavki) koji pomažu prilikom verifikacije određenih osobina i ponašanja. Postoji i druga verzija SCID-II intervjua, sastavljena od 119 pitanja, koja se može samostalno popunjavati. Većina stručnjaka koristi obe verzije – samoprocenjujući upitnik služi kao dodatni alat za proveru tačnosti odgovora dobijenih standardnim intervjuom.

Strukturisani intervju za poremećaje ličnosti (SIDP-IV) su razvili iste godine Fol, Blum i Cimerman. Za razliku od SCID-II, ovaj intervju obuhvata i samoporažavajući poremećaj ličnosti, koji je bio uključen u DSM-III. SIDP-IV ima konverzacijski pristup, a pitanja su organizovana u okviru 10 tematskih celina, kao što su emocije ili interesovanja i aktivnosti. Pod pritiskom „struke", autori su naknadno kreirali i verziju u kojoj su pitanja grupisana prema poremećajima ličnosti. Ispitanicima se savetuje da se pridržavaju tzv. „pravila od pet godina":

„Kako se ponašate kada ste u svom uobičajenom stanju ... Ponašanja, uverenja i osećanja koja su dominirala tokom većeg dela u poslednjih pet godina smatraju se reprezentativnim za dugoročno funkcionisanje vaše ličnosti ...“

Sistem bodovanja je takođe jednostavan: osobina može biti prisutna, ispod praga ili jasno izražena.

Testovi za specifične poremećaje ličnosti

Postoje brojni psihološki testovi koji su usmereni na dijagnostikovanje određenih poremećaja ličnosti ili problema u međuljudskim odnosima. Na primer, Inventar za narcisistički poremećaj ličnosti (*Narcissistic Personality Inventory, NPI*) koristi se za utvrđivanje postojanja narcističkog poremećaja ličnosti (NPD).

Skala za organizaciju granične ličnosti (*Borderline Personality Organization Scale, BPO*), osmišljena 1985. godine, klasifikuje odgovore ispitanika u 30 relevantnih kategorija. Ove kategorije ukazuju na postojanje difuzije identiteta, primitivnih odbrambenih mehanizama i nedovoljno razvijene sposobnosti prilikom testiranja stvarnosti.

Među drugim, često korišćenim instrumentima su: Dijagnostički upitnik ličnosti-IV (*Personality Diagnostic Questionnaire-IV*), Kulidžov inventar ose II (*Coolidge Axis II Inventory*), Inventar za procenu ličnosti (*Personality Assessment Inventory, 1992*), izvanredna Dimenzionalna procena patologija ličnosti, zasnovana na literaturi, kao i sveobuhvatni Plan za procenu adaptivne i neadaptivne ličnosti (*Schedule of Non-adaptive and Adaptive Personality*) i Viskonsinski inventar poremećaja ličnosti (*Wisconsin Personality Disorders Inventory*).

Kada se utvrdi postojanje poremećaja ličnosti, većina stručnjaka primenjuje dodatne testove kako bi bolje razumela način na koji pacijent funkcioniše u odnosima, kako se nosi s intimnošću i kako reaguje na okidače i stresne životne situacije.

Upitnik o stilovima odnosa (*Relationship Styles Questionnaire, RSQ, 1994*) sadrži 30 samoprocenjujućih pitanja i identifikuje različite stilove privrženosti: siguran, uplašen, zabrinut i odbačen.

Skala za taktike rešavanja konflikata (*Conflict Tactics Scale, CTS, 1979*) predstavlja standardizovan instrument za procenu učestalosti i intenziteta taktika i strategija rešavanja konflikata (bilo legitimnih ili nasilnih) koje ispitanik primenjuje u različitim kontekstima, najčešće u partnerskim odnosima.

Multidimenzionalni inventar besa (Multidimensional Anger Inventory, MAI, 1986) procenjuje učestalost ispoljavanja besa, njegovo trajanje, intenzitet, način izražavanja, opštu sklonost ka neprijateljskom stavu i situacije koje ga izazivaju.

Ipak, čak i kada iskusni stručnjaci primene sveobuhvatan set testova, neretko ne uspevaju da identifikuju zlostavljače sa poremećajima ličnosti. Nasilnici često poseduju izuzetnu sposobnost da zavaraju svoje evaluatore.

PCL-R test (Kontrolna lista za proveru psihopatije – revidirana verzija)

Drugo izdanje PCL-R testa, koji je prvobitno osmislio kontroverzni i netradicionalni kanadski kriminolog, Robert Her, 1980. godine, a zatim ga i revidirao 1991. godine, sadrži 20 stavki namenjenih proceni simptoma koji su česti kod psihopata u forenzičkoj populaciji (poput zatvorenika ili osoba osuđenih za seksualne zločine nad decom). Ovaj test je osmišljen kako bi obuhvatio glavne psihopatske osobine i oblike ponašanja, uključujući: bezosećajno, sebično i nemilosrdno iskorišćavanje drugih (faktor 1), hronično nestabilan i antisocijalni način života (faktor 2), interpersonalne i afektivne nedostatke, impulsivan stil života i antisocijalno ponašanje.

Dvadeset osobina koje se procenjuju PCL-R testom su: okretan i površan šarm; grandiozna (preterano visoka) procena sopstvene vrednosti; potreba za stalnom stimulacijom; patološko laganje; manipulativnost i lukavost; nedostatak kajanja ili osećaja krivice; površna afektivnost (površna emocionalna reaktivnost); bezosećajnost i nedostatak empatije; parazitski način života; loša kontrola ponašanja; seksualni promiskuitet; problemi u ponašanju u ranom uzrastu; nedostatak realnih dugoročnih ciljeva; impulsivnost; neodgovornost; nespremnost da se prihvati odgovornost za sopstvene postupke; brojni kratkotrajni bračni odnosi; maloletnička delinkvencija; opoziv uslovnog otpusta; i kriminalna raznovrsnost.

Psihopate dobijaju ocene između 30 i 40. Normalni ljudi postižu rezultate između 0 i 5. Međutim, sam Her je bio poznat po tome što je, čak ljude sa ocenom 13, označavao kao psihopate. Prema tome, PCL-R test je više umetnost nego nauka i ostavlja mnogo prostora za lične utiske onih koji ga primenjuju.

PCL-R se bazira na strukturisanom intervjuu i sporednim podacima prikupljenim od porodice, prijatelja, kolega, kao i na osnovu dokumentacije. Pitanja, koja čine strukturisani intervju su toliko jasna i očigledna da je, tokom testa, moguće lako obmanuti i potpuno izvrnuti njegove rezultate. Štaviše, bodovanje od strane dijagnostičara je visoko subjektivno (zbog čega DSM i ICD insistiraju na potvrđenim uočenim ponašanjima, kao kriterijumima za antisocijalni ili disocijalni poremećaj ličnosti).

Postoji nada se da će informacije, prikupljene van okvira strukturisanog intervjua pomoći da se spreči takvo potencijalno zloupotrebljavanje, dijagnostička pristrasnost i manipulacija sa obe strane, kako testiranih, tako i istraživača. Drugim rečima, PCL-R se oslanja na iskrenost odgovora koje daju osvedočeni lažovi (psihopate), kao i na pristrasna sećanja brojnih svedoka, svih bliskih psihopati i sa ličnim razlozima da izvrnu istinu.

Uobičajeni problemi s psihološkim laboratorijskim testovima

Psihološki laboratorijski testovi se suočavaju se sa nizom uobičajenih filozofskih, metodoloških i konstruktivnih problema.

Filozofski i konstruktivni aspekti

1. *Etički aspekt* – Eksperimenti uključuju ispitanike i druge osobe. Da bi se postigli pouzdani rezultati, subjekti moraju da ostanu u neznanju u pogledu svrhe i ciljeva istraživanja. Ponekad čak i sam čin izvođenja eksperimenta mora ostati tajna (npr. u dvostruko slepim eksperimentima). Pojedini eksperimenti mogu izazvati neprijatna, pa čak i traumatična iskustva, što je etički neprihvatljivo.
2. *Princip psihološke neizvesnosti* – Početno stanje ispitanika u eksperimentu je obično dobro utvrđeno. Međutim, i sam tretman, kao i postupak eksperimentisanja, utiču na subjekt i čine početno znanje o njemu – irelevantnim. Procesi merenja i posmatranja menjaju ispitanika, isto kao što to čine životne okolnosti i različite situacije kroz koje prolazi.
3. *Posebnost* – Psihološki eksperimenti su, samim tim, neizbežno posebni i neponovljivi. Ne mogu se replicirati u različitim vremenskim i prostornim uslovima, čak ni ako se sprovode na *istim* ispitanicima. To je posledica već pomenutog principa psihološke neizvesnosti – ispitanici više nisu isti. Ponavljanje eksperimenata na različitim subjektima dodatno umanjuje naučnu vrednost rezultata.
4. *Nedostatak proverljivih hipoteza* – Psihologija ne generiše dovoljan broj hipoteza koje bi se mogle podvrgnuti strogoj naučnoj verifikaciji. Ovo je povezano sa njenom narativnom prirodom, koja je donekle srodna pripovedanju. U izvesnom smislu, psihologija ima afinitet prema nekim „privatnim jezicima“. Ona predstavlja oblik umetnosti i kao takva, ona je samodovoljna i samozatvorena. Ako su ispunjena strukturna i unutrašnja ograničenja,

tvrdnja se može smatrati istinitom čak i ako ne zadovoljava spoljašnje naučne kriterijume.

Metodologija

1. Mnogi psihološki *laboratorijski testovi nisu rađeni na slepo*. Istraživač je u potpunosti svestan koji od ispitanika poseduju osobine i ponašanja koja test treba da identifikuje i predvidi. Ovo predznanje može da dovede do pojave efekta istraživačeve pristrasnosti. Tako na primer, prilikom ispitivanja rasprostranjenosti i intenziteta uslovljenosti strahom kod psihopata (npr. Birbaumer, 2005), ispitanici su najpre dijagnostikovani kao psihopate (korišćenjem PCL-R upitnika), a tek potom su bili podvrgnuti eksperimentu. Ovo ostavlja otvorenim pitanje, da li rezultati testa (nedostatak uslovljavanja strahom) mogu zaista da predvide ili naknadno da predvide psihopatiju (tj. visoke PCL-R rezultate i tipične životne dijagnoze).
2. Rezultati često mogu biti povezani sa više različitih uzroka. Ovo dovodi do logičke *greške pogrešnog pripisivanja* uzročnosti, prilikom tumačenja rezultata testova. U gorepomenutom primeru, izuzetno niska osetljivost psihopata na bol je možda više posledica želje za dokazivanjem pred vršnjacima, nego zaista visoke tolerancije na bol. Psihopate jednostavno mogu biti previše postiđene da „pokleknu“ pred bolom, jer svako priznanje ranjivosti doživljavaju kao pretnju svemoćnoj i grandioznoj predstavi o sebi, koja podrazumeva hladnokrvnost i samim tim, neosetljivost na bol. Ovaj fenomen može biti povezan i sa neadekvatnim afektom.
3. Većina psiholoških laboratorijskih testova sprovodi se na izuzetno *malim uzorcima*. (ponekad uzorak broji svega troje ispitanika!) Pored toga, u pitanju je i *prekinut vremenski niz*. Što je manji broj ispitanika, to su rezultati nasumičniji i manje značajni. U ovakvim uslovima, učestala je pojava grešaka III tipa, kao i problemi u obradi podataka prikupljenih u prekinutim vremenskim nizovima.

4. Tumačenje rezultata testiranja često se približava *više metafizici nego nauci*. Tako je, na primer, Birbaumerov test utvrdio da ispitanici, koji su ostvarili visok rezultat na PCL-R testu, pokazuju drugačije obrasce elektrodermičke provodljivosti kože (npr. znojenje u iščekivanju bolnog stimulusa) i drugačiju moždanu aktivnost. Međutim, test nije potkrepio, a kamoli dokazao, postojanje ili nepostojanje određenih *mentalnih stanja ili psiholoških konstrukcija*.
5. Većina laboratorijskih testova, bavi se pojedinačnim manifestacijama određenih fenomena. Ponovo, test uslovljavanja strahom (averzije u iščekivanju) odnosi se isključivo na reakcije u iščekivanju *jednog konkretnog* slučaja (manifestacije) određene *vrste* bola. Ovi rezultati se ne mogu nužno primeniti na druge vrste bola, druge pojedinačne slučajeve te iste vrste bola ili bilo koju drugu vrstu bola uopšte.
6. Mnogi psihološki laboratorijski testovi dovode do logičke greške *petitio principii* (zaključak koji podrazumeva ono što bi trebalo da bude dokazano). Vratimo se ponovo Birbaumerovom testu. On se bavi ispitanicima čije ponašanje je označeno kao „antisocijalno". Ali, šta se tačno smatra antisocijalnim osobinama i ponašanjem? Odgovor na ovo pitanje zavisi od kulturnog konteksta. Nije iznenađujuće što evropske psihopate postižu znatno niže rezultate na PCL-R testu u poređenju sa svojim američkim pandanima. Stoga je opravdano dovedena u pitanje sama validnost konstrukta „psihopata" – čini se da je psihopatija jednostavno ono što PCL-R test meri!
7. I na kraju, tu je primedba *Paklene pomorandže*. Psihološki laboratorijski testovi su u više navrata bili zloupotrebljeni od strane represivnih režima u svrhu društvene kontrole i socijalnog inženjeringa.

Maligno samoljublje

Narcizam – revidirani osvrt

Narcisov um

PRVO POGLAVLJE

Narcisova duša: savremeni uvidi

Svi mi volimo sebe. Ova tvrdnja tako instinktivno deluje kao tačna, da je retko izlažemo dubljem preispitivanju. U našoj svakodnevici – u ljubavi, poslu, i drugim oblastima života – postupamo u skladu s njom. Ipak, kada je pažljivije analiziramo, čini nam se kao da ona stoji na klimavim osnovama.

Neki ljudi otvoreno izjavljuju da uopšte ne vole sebe (oni su ego-distonični). Drugi, svoje odsustvo ljubavi prema sebi, ograničavaju na određene osobine, lično iskustvo ili pojedine obrasce ponašanja. Postoje i oni koji su zadovoljni sobom i onim što rade (ego-sintonične osobe).

Međutim, jedna grupa ljudi, koju nazivamo narcisima – izdvaja se svojim mentalnim sklopom.

Prema legendi o Narcisu, ovaj grčki mladić se zaljubio u sopstveni odraz u vodi. Upravo ta slika sažima prirodu njegovih imenjaka – narcisa. Mitološki Narcis je odbio ljubav nimfe Eho i zbog toga ga je boginja Nemeza kaznila: bio je osuđen da večno čezne za svojim sopstvenim odrazom – isto kao što je Eho nestajala u čežnji za njim. Kako je samo prikladna ova simbolika. I danas su narcisi kažnjeni odjecima i odrazima svojih problematičnih ličnosti.

Često se kaže da su narcisi zaljubljeni u sebe.

Ali, to je zabluda. Narcis nije zaljubljen u *sebe* – on je zaljubljen u svoj *odraz.*

Između čovekovog istinskog, autentičnog Ja i njegovog odraza – postoji suštinska razlika.

Ljubav prema svom istinskom Ja je zdrava, prilagodljiva i funkcionalna.

Ljubav prema sopstvenom odrazu, međutim, nosi dve velike opasnosti:

1. Osoba zavisi od postojanja i dostupnosti odraza kako bi proizvela osećanje samopoštovanja i ljubavi prema sebi.
2. Nedostaje joj „kompas“, objektivan i pouzdan merni instrument koji bi mogao da oceni autentičnost tog odraza. Drugim rečima, nemoguće je sa sigurnošću utvrditi da li je odraz istinit, a ako jeste – u kojoj meri.

Opšte je rašireno pogrešno uverenje da narcisi vole sebe. U stvarnosti, oni svoju ljubav usmeravaju ka utisku koji drugi imaju o njima. Onaj ko voli samo utiske, nije sposoban da voli ljude – pa tako ni samog sebe.

Ali narcis ipak nosi u sebi urođenu potrebu da voli i da bude voljen. Ako ne može da voli sebe, moraće da voli svoj odraz. Ali da bi voleo svoj odraz, on mora biti dostojan ljubavi. Stoga, vođen neutoljivom željom za ljubavlju (koja je svojstvena svima nama), narcis je zaokupljen projektovanjem slike koja zaslužuje ljubav – ali koja je istovremeno usklađena s njegovim sopstvenim poimanjem sebe.

Narcis održava tu projektovanu sliku i u nju ulaže ogromne resurse i energiju. Ovaj sizifovski poduhvat ga ponekad toliko iscrpljuje da on postaje ranjiv na unutrašnje i spoljašnje pretnje.

Najvažnija odlika narcisove projektovane slike jeste njena sposobnost da izazove ljubav.

Međutim – biti voljen, za narcisa je isto što i izazivati strahopoštovanje, pobuditi divljenje, sticati poštovanje, privlačiti pažnju ili čak biti deo nečijeg strahopoštovanja. (sve ove reakcije zajedno, čine ono što je poznato kao *narcističko snabdevanje*). Zato mu se čini da je projektovana slika, koja kod drugih budi ovakve reakcije, ujedno i „voljena" i „dostojna ljubavi". Ona, takođe, stvara osećaj kao da on voli samog sebe – i zbog toga u njegovoj svesti prolazi kao istinska ljubav prema sebi.

Što je ova projektovana slika (ili uzastopne slike) uspešnija u stvaranju narcističkog snabdevanja (NS), to se narcis više udaljava od svog istinskog Ja i sve više se poistovećuje sa slikom.

Ne može se reći da narcis nema centralno jezgro svoje ličnosti (istinsko Ja). On jednostavno više voli svoju sliku – sa kojom se bezrezervno poistovećuje – nego svoje pravo Ja. Njegovo istinsko Ja postaje sluga slike koju projektuje. Narcis, paradoksalno, nije sebičan upravo zato što je njegovo istinsko Ja paralizovano i potčinjeno.

Narcis nije usmeren isključivo na svoje potrebe. Naprotiv, on ih zanemaruje, jer mnoge od njih protivreče njegovoj prividnoj svemoći i sveznanju. On ne stavlja sebe na prvo mesto – naprotiv, svoje pravo Ja stavlja na poslednje mesto. Narcis se prilagođava željama i potrebama drugih jer žudi za njihovom ljubavlju i divljenjem. Upravo kroz njihove reakcije stiče osećaj sopstvenog identiteta. Na izvestan način, on sam sebe ukida, samo da bi se ponovo izgradio kroz poglede drugih. Zapravo, narcis je osoba koja je najmanje svesna sopstvenih stvarnih potreba.

U ovom procesu, narcis iscrpljuje sopstvenu mentalnu energiju. To je razlog zašto nema više snage da se posveti drugima. Ovaj zamor, udružen sa njegovom nemogućnošću da shvati i voli druge ljude u njihovim mnogobrojnim dimenzijama i aspektima, dovodi do narcisove transformacije u usamljenika. On ljubomorno i žestoko čuva svoju teritoriju. On štiti ono što smatra da čini njegovu nezavisnost.

Zašto bi ljudi trebalo da dozvole narcisu da se prepusti svom samoispiunjenju? I koja bi to „evolutivna" vrednost preživljavanja bila – u pridavanju većeg značaja preferiranju jedne vrste ljubavi (upućene prema slici) umesto druge (upućene prema samom sebi)?

Ova pitanja muče narcisa. Njegov zamršeni um smišlja najsloženije konstrukcije kao zamene za odgovore.

Zašto bi ljudi trebalo da udovolje narcisu, da mu posvete vreme i energiju, da mu pruže pažnju, ljubav i dodvoravanje? Narcisov odgovor je jednostavan: jer on ima pravo na to. On oseća da zaslužuje sve ono što uspeva da izvuče od drugih, i mnogo više od toga. Zapravo, oseća se izdano, diskriminisano i obespravljeno, jer veruje da se sa njim ne postupa pošteno, da bi trebalo da dobije više od onoga što dobija.

Postoji neslaganje između njegove beskrajne sigurnosti u pogledu toga da je njegov status poseban, što ga čini dostojnim stalne pohvale i obožavanja, prebogatim specijalnim koristima i privilegijama – i stvarnog stanja njegovih delatnosti. Za narcisa, njegova posebnost nema mnogo veze sa njegovim postignućima: on je poseban jednostavno zato što postoji.

Narcis smatra da je samo njegovo postojanje dovoljno jedinstveno da opravda vrstu prioritetnog tretmana koji očekuje od sveta. Ovo je paradoks koji proganja narcisa: on svoje osećanje posebnosti crpi iz same činjenice da postoji, a svoje osećanje postojanja iz verovanja da je poseban.

Klinički podaci pokazuju da retko postoji bilo kakva realna osnova za narcisova grandiozna shvatanja o veličini i posebnosti.

Ima onih narcisa koji su visoko uspešni i sa dokazanim rezultatima u svom poslu. Neki od njih su stubovi svojih zajednica. Većina njih je dinamična i uspešna. Ipak, oni su apsurdno pompezni i suštinski su uobražene ličnosti, koje se kreću na granici između farsičnog i provokativnog nezadovoljstva.

Narcis je prinuđen da koristi druge ljude kako bi barem osetio da postoji. Tako, kroz njihove oči i kroz njihovo ponašanje, on dobija dokaze o svojoj jedinstvenosti i veličini. On je stručnjak za „iskokorišćavanje ljudi“. S vremenom, on ih smatra samo instrumentima za zadovoljenje svojih potreba, dvodimenzionalnim kartonskim figurinama sa zanemarljivim linijama u scenariju njegovog veličanstvenog života.

On postaje beskrupulozan, nimalo ga ne uznemirava što neprestano iskorišćava svoju okolinu, ravnodušan je prema posledicama svojih postupaka, prema šteti i patnji koje nanosi drugima, pa čak i prema društvenoj osudi i sankcijama kojima je često izložen.

Kada neko uporno istrajava u disfunkcionalnom, neadaptivnom ili sasvim beskorisnom ponašanju, uprkos ozbiljnim posledicama po sebe i druge, kažemo da su njegovi postupci kompulzivni. Narcis je kompulzivan u svojoj potrazi za narcističkim snabdevanjem. Ova veza između narcizma i opsesivno-kompulzivnih poremećaja osvetljava mehanizme narcističke psihe.

Narcis nije lišen sposobnosti da razume uzroke i posledice svojih postupaka. On je svestan mogućih posledica i cene koju može da plati za svoje postupke Ali, to ga jednostavno ne dotiče.

Ličnost, čije samo postojanje zavisi od njenog odraza u tuđim umovima, opasno je zavisna od načina na koji je drugi percipiraju. Oni su izvori narcističkog snabdevanja (NSS). Kritiku i neodobravanje narcis tumači kao sadističko uskraćivanje ovog snabdevanja i kao direktnu pretnju njegovoj mentalnoj kuli od karata.

Narcis živi u svetu krajnosti, u stalnoj dilemi „biti ili ne biti“: svaka rasprava u koju se upušta, svaki pogled slučajnog prolaznika ili učvršćuje njegovu preteranu samopercepciju ili je dovodi u pitanje. Zato, narcisove reakcije često deluju kao neprimereno snažne – on reaguje na ono što doživljava kao pretnju samom održanju sopstvenog bića. Tako svaki, pa i najmanji nesporazum sa izvorom narcističkog snabdevanja – drugim ljudskim bićem – u njegovim očima postaje napad na njegovo sopstveno samovrednovanje.

Ovo je za njega ključno pitanje, tako da ne može sebi da priušti rizik: radije će pogrešno proceniti situaciju nego ostati bez narcističkog snabdevanja; radije će podneti neodobravanje i neopravdanu kritiku tamo gde ih nema, nego se suočiti sa posledicama trenutka nesmotrenosti.

Narcisoidna osoba mora da uslovi svoje okruženje tako da se svi uzdržavaju od izražavanja kritike i neodobravanja prema njemu, njegovim postupcima i odlukama. On mora da nauči ljude oko sebe, da će svaki, ma i najblaži izraz neslaganja, u njemu izazvati strahovite izlive besa i neopisive ćudljivosti, te da će se na taj način pretvoriti u stalno svadljivu i razdražljivu osobu. Njegove prenaglašene reakcije predstavljaju kaznu za neosetljivost ljudi i njihovo neznanje u pogledu njegovog stvarnog psihološkog stanja.

Narcisoidna osoba prebacuje krivicu za svoje nedolično ponašanje na druge ljude, optužuje ih da su je isprovocirali da izgubi kontrolu i čvrsto veruje da „oni" moraju da budu kažnjeni za svoje „nedolično ponašanje". Izvinjenja, osim ako nisu propraćena verbalnim ili nekim drugim vidom poniženja, za njega nisu dovoljna. Narcisov gnev se najčešće iscrpljuje u otrovnim, uvredljivim tiradama, upućenim (često izmišljenom) krivcu za (često bezazlenu) „uvredu".

Narcis – bilo svesno ili nesvesno – koristi druge ljude kako bi podupirao svoju sliku o sebi i kako bi drugi regulisali njegov osećaj sopstvene vrednosti. Dokle god su korisni u ostvarivanju ovih ciljeva, on ih visoko ceni i smatra vrednima. On ih sagledava isključivo kroz tu prizmu. To je posledica njegove nesposobnosti da voli druge – on ne poseduje empatiju, razmišlja kroz kategorije koristi, pa tako ljude svodi na puke instrumente.

Ako prestanu da „funkcionišu" ili, makar i nenamerno, pokolebaju njegove i tako krhke i varljive stubove samopoštovanja, postaju žrtve njegovog terora. Narcis ih tada povređuje – ponižava ih, omalovažava, ispoljava agresiju i nasilje u bezbrojnim oblicima. Njegovo ponašanje prolazi kroz vrtložne metamorfoze – od idealizovanja (precenjivanja) „korisne" osobe do njenog surovog obezvređenja. Narcisoidna ličnost gotovo fiziološki oseća odvratnost prema ljudima koje oceni kao „beskorisne" ili „nepouzdane".

Skokovi između apsolutne precenjenosti (idealizacije) i potpunog ponižavanja čine da su dugoročni međuljudski odnosi sa narcisom gotovo nemogući.

Patološka varijanta narcizma – narcisoidni poremećaj ličnosti (NPL) – delimično je definisana u sukcesivnim verzijama američkog Dijagnostičkog i statističkog priručnika (DSM, koji izdaje Američka psihijatrijska asocijacija) i međunarodne MKB

(Međunarodne klasifikacije bolesti, koju izdaje Svetska zdravstvena organizacija). Korisno je razmotriti ove geološke slojeve kliničkih opservacija i njihovo tumačenje.

U 1977. godini, kriterijumi za narcisoidni poremećaj ličnosti u DSM III su uključivali:

- Precenjivanje samog sebe (preuveličavanje talenata i dostignuća, pokazivanje samouverenosti, koja graniči sa nametljivim samopouzdanjem);

- Interpersonalna eksploatacija (koristi druge da bi zadovoljio svoje potrebe i želje, očekuje povlašćeni tretman bez preuzimanja povratnih obaveza);

- Ima prebogatu maštu (eksternalizuje nezrele i neregulisane fantazije, „laže da bi opravdao samozavaravanja“);

- Pokazuje nadmoćnu nepokolebljivost (osim kada je narcisoidna samouverenost narušena), nonšalantan je, nezainteresovan i hladnokrvan;

- Nedostatak socijalne savesti (iskazuje bunt protiv konvencija običnog društvenog života, ne vrednuje lični integritet i prava drugih ljudi).

Uporedite verziju iz 1977. godine sa onom koja je usvojena deset godina kasnije (u DSM III-R) i kasnije proširena, 1994. godine (u DSM IV), i 2000. godine (DSM IV-TR). [Pogledajte „Bukvar“ za najnovije dijagnostičke kriterijume]

Narcisov portret je prikazan kao slika monstruma: on je eksploatativna i bezobzirna osoba. Ipak, duboko iznutra, narcis pati od hroničnog nedostatka samopouzdanja i u osnovi svog bića je nezadovoljan. Ovo se odnosi na sve narcise. Razlika između „kompenzacionih“ i „klasičnih“ narcisa je neosnovana. Svi narcisi su hodajuće rane, posledice različitih oblika zlostavljanja u ranom detinjstvu ili ranoj adolescenciji.

Spolja gledano, narcis može da deluje labilno i nestabilno. Međutim, ova nestabilnost ne odražava prazan pejzaž patnje i straha koji je unutar njegove duše. Njegovo bezobzirno i nerazumno ponašanje prikriva depresivnu i anksioznu unutrašnjost.

Kako ovakvi kontrasti mogu da koegzistiraju?

Frojd (1914) je ponudio troslojni model ljudske psihe, koji se sastoji od ida, ega i superega. Prema Frojdu, narcisi su pod tolikom dominacijom svog ega da su id i superego neutralisani. U ranom periodu svoje karijere, Frojd je verovao da je narcizam normalna razvojna faza između autoerotizma i ljubavi prema objektu. Kasnije je zaključio da linearni razvoj može biti ometen samim naporima, koje svi mi ulažemo u detinjstvu, kako bismo razvili sposobnost za ljubav prema objektu (drugoj osobi).

Neke osobe, prema Frojdu, ne uspevaju da pređu iz faze ljubavi prema sebi u razvoj svog libida: one sebe doživljavaju i preferiraju kao objekte ljubavi. Ovaj izbor – da se usredsrede na sebe – rezultat je nesvesne odluke da se odustane od stalnih i frustrirajućih napora da se vole drugi ljudi i da im se veruje.

Frustrirano i zlostavljano dete uči da je jedini „objekat" kojem može da veruje i koji je uvek i pouzdano dostupan, jedina osoba koju može da voli bez straha da će biti napušteno ili povređeno – isključivo ono samo.

Da li je, dakle, patološki narcizam posledica verbalnog, seksualnog, fizičkog ili psihološkog zlostavljanja – ili naprotiv, tužan rezultat razmaženosti deteta i njegovog idealizovanja?

Ovu debatu bi bilo lakše razrešiti ako se pristane na širu definiciju „zlostavljanja": prekomernost, gušenje, razmaženost, precenjivanje i idealizovanje deteta, takođe su oblici roditeljskog zlostavljanja.

Do ovoga dolazi, kako je Horni primetio, jer razmaženo i prezaštićeno dete biva dehumanizovano i instrumentalizovano. Njegovi roditelji ga ne vole zbog onoga što ono zaista jeste, već zbog onoga što priželjkuju i zamišljaju da ono može da postane – oličenje njihovih snova i neostvarenih želja. Dete postaje kontejner za svoje nezadovoljne roditelje, sredstvo, čarobna četkica kojom oni nastoje da svoje neuspehe preoblikuju u trijumfe, svoja poniženja u pobede, a svoje frustracije u sreću.

Detetu se usađuje ideja da se odrekne stvarnosti i da usvoji roditeljske fantazije. Takvo nesrećno dete oseća se svemoćno i sveznajuće, savršeno i briljantno, dostojno obožavanja i s pravom očekuje poseban tretman. Pro-socijalne sposobnosti, koje se razvijaju kroz neprestano suočavanje s realnošću – empatija, saosećanje, realna procena sopstvenih sposobnosti i ograničenja, realna očekivanja od sebe i drugih, lične granice, timski rad, društvene veštine, istrajnost i usmerenost na ciljeve, a da ne govorimo o sposobnosti odlaganja zadovoljstva i truda, potrebnog da bi se ono postiglo – sve one su nerazvijene ili potpuno odsutne.

Kada odraste, ovakvo dete ne vidi razlog da ulaže resurse u sopstvene veštine i obrazovanje, uveren da bi njegov urođeni genije trebalo da bude dovoljan. Smatra da mu pripadaju posebna prava samim tim što postoji, a ne zbog onoga što postiže (slično kao što su plemići u prošlim vremenima smatrali da im položaj pripada, ne zahvaljujući ličnim zaslugama, već kao neizbežna, predodređena posledica plemićkog porekla).

Takva mentalna struktura je krhka, podložna kritici i neslaganju, ranjiva pred neprekidnim suočavanjem sa surovim i netrpeljivim svetom. Duboko u sebi, narcisi oba tipa – i oni oblikovani „klasičnim" zlostavljanjem i oni nastali kao produkt obožavanja – osećaju se nedoraslo, neautentično, lažno, inferiorno i dostojno kazne.

Milon pravi razliku između nekoliko tipova narcisa. Pogrešno pretpostavlja da je „klasični" narcis posledica roditeljskog precenjivanja, idealizacije i razmaženosti i da, stoga, poseduje krajnje samopouzdanje, nesalomivo i neupitno, bez ikakve sumnje u sebe.

Prema Milonu, upravo „kompenzatorni" narcis pada kao žrtva neprekidnih sumnji u sebe, osećanja inferiornosti i mazohističke potrebe za samokažnjavanjem.

Međutim, i ova distinkcija je istovremeno pogrešna i nepotrebna. Sa psihodinamičke tačke gledišta, postoji samo jedan oblik patološkog narcizma, mada do njega vode dva različita razvojna puta. Svi narcisi su okupirani duboko ukorenjenim (iako ponekad nesvesnim) osećajem neadekvatnosti, strahom od neuspeha, mazohističkom željom da budu kažnjeni, nestabilnim osećajem sopstvene vrednosti (koji je regulisan narcističkim snabdevanjem) i neprestanim osećajem da su prevareni.

U narcisovom ranom detinjstvu, značajne osobe u njegovom životu, bile su nepostojane prilikom prihvatanja njegove ličnosti. Obraćale su mu pažnju samo onda kada je to bilo u skladu sa njihovim sopstvenim potrebama, dok su ga u trenucima kada im više nije bio potreban, zanemarivale ili čak aktivno zlostavljale.

Zbog ovakvog iskustva, narcis je poučen da izbegava dublje i značajne odnose, kako bi se zaštitio od bolnog naizmeničnog ritma približavanja i odbijanja. Štiteći sebe od osećaja povređenosti i napuštanja, on se zatvara u sebe i distancira se od ljudi oko sebe. Umesto da pruži ruku, on se radije povlači u sebe.

Tokom „primarne narcističke faze", svi mi neprestano stavljamo roditelje i staratelje (tzv. primarne objekte) na probu. Pozitivan odnos sa ovim figurama omogućava lagan prelazak u fazu „ljubavi prema objektu": dete tada napušta svoj narcizam u korist zrelog vezivanja.

Teško je odreći se narcizma – on je privlačan, topao, umirujuć i pouzdan; on je uvek prisutan i sveprožimajući; prilagođen je po meri individualnih potreba. Voleti sebe, znači imati savršenog ljubavnika. Da bi dete bilo podstaknuto da se odrekne ove snažne narcističke veze sa samim sobom, potrebni su valjani razlozi i snažna vezanost – sveukupno poznati kao „roditeljska ljubav".

Dete prevazilazi primarni narcizam kako bi bilo sposobno da voli svoje roditelje. Ako su oni narcisoidni, podvrgavaju ga ciklusima idealizacije (precenjivanja) i obescenjivanja. Oni nisu pouzdani u ispunjavanju njegove potrebe. Drugim rečima, frustriraju ga. Postepeno, dete shvata da ono nije ništa više od igračke, oruđa, sredstva za postizanje cilja – a taj cilj je zadovoljavanje potreba njegovih roditelja.

Ovo šokantno otkriće razbija njegov tek oblikovani ego. Dete razvija snažnu zavisnost (za razliku od privrženosti) od svojih roditelja. Ta zavisnost, u suštini, proističe iz straha – kao slika agresije u ogledalu. Frojdovim jezikom govoreći (u psihoanalizi), rekli bismo da će dete verovatno razviti naglašene oralne fiksacije i regresije. Jednostavnije rečeno, pred nama je izgubljeno, fobično, bespomoćno i besno dete.

Ali, dete je ipak dete, a odnos s roditeljima za njega ima suštinski značaj.

Ono se, zato, svojim prirodnim reakcijama opire prema nasilnim roditeljima ili starateljima i pokušava da suzbije svoje libidinalne i agresivne osećaje i emocije. Na taj način, ono se nada da će popraviti narušeni odnos s roditeljima (koji nikada nije ni postojao). Ovako nastaje prvobitna konfabulacija, majka svih budućih narcisoidnih fantazija: u svojoj izmučenoj svesti, dete transformiše superego u idealizovanog, sadističkog roditelja-dete. Njegov ego pak, postaje omraženo, obescenjeno dete-roditelj. Ako ne može da ostvari odnos sa stvarnim roditeljima, pokušava da stvori vezu sa njihovim unutrašnjim predstavama, njihovim „glasovima“ u sebi.

Porodica je najvažniji oslonac za svaku vrstu podrške: ona mobiliše psihološke resurse i ublažava emocionalna opterećenja; ona omogućava podelu zadataka i obezbeđuje materijalne potrebe uz kognitivnu obuku; ona je osnovni nosilac socijalizacije i podstiče kontakt sa korisnim i adaptivnim informacijama.

Ova tradicionalna podela uloga između roditelja i dece je od suštinske važnosti, kako za lični razvoj, tako i za pravilnu adaptaciju. Dete mora da oseti, kao što je to slučaj u funkcionalnoj porodici, da može bez zadrške da deli svoja iskustva i da je povratna informacija koju dobija otvorena i nepristrasna. Jedina prihvatljiva „pristrasnost“ (često zato što je u skladu sa spoljašnjim povratnim informacijama) jeste skup porodičnih uverenja, vrednosti i ciljeva, koje dete konačno internalizuje kroz imitaciju i nesvesnu identifikaciju.

Tako je porodica prvi i prevashodno – najznačajniji izvor identiteta i emocionalne podrške. Ona je svojevrsna staklena bašta u kojoj se dete oseća voljeno, zbrinuto, prihvaćeno i sigurno – što su preduslovi za razvoj ličnih potencijala. Na materijalnom planu, porodica treba da obezbedi osnovne potrebe (bilo bi poželjno i više od toga), fizičku negu i zaštitu, kao i utočište u kriznim trenucima.

Uloga majke (primarnog objekta vezanosti) je često bila predmet rasprava. Nasuprot tome, uloga oca je uglavnom zapostavljena, čak i u stručnoj literaturi. Međutim, savremena istraživanja sve više ukazuju na njegov značaj za uredan i zdrav razvoj deteta.

Čak i u savremenim nuklearnim porodicama, otac aktivno učestvuje u svakodnevnoj brizi o detetu, a ujedno je i intelektualni katalizator, koji dete podstiče da razvija svoja interesovanja i zadovoljava radoznalost kroz različite instrumente i igre. *Pater familias* je izvor autoriteta i discipline, onaj koji postavlja granice, podstiče i nagrađuje pozitivna ponašanja, dok istovremeno ukida i koriguje ona negativna.

Otac, takođe pruža emocionalnu podršku i ekonomsku sigurnost, čime doprinosi stabilnosti porodične zajednice. Na kraju, on predstavlja glavni izvor muškog uzora i identifikacije za sina, dok svojoj kćerki daruje toplinu i ljubav kao muška figura, ne prelazeći društveno prihvatljive granice.

Sa sigurnošću možemo reći da je narcisova porodica podjednako teško poremećena kao i on sam. Patološki narcizam u velikoj meri odražava ovu disfunkciju. Ovakvo okruženje podstiče samozavaravanje. Unutrašnji monolog narcisa glasi: „Ja ipak imam odnos sa svojim roditeljima. Ja sam kriv – moja osećanja, čula, agresija i strasti su krivi – što taj odnos ne funkcioniše. Dakle, na meni je da to ispravim. Izgradiću narativ u kojem sam istovremeno voljen i kažnjavan. U tom scenariju, dodeliću uloge i sebi i svojim roditeljima. Tako će sve biti u redu i svi ćemo biti srećni.“

Tako počinje začarani krug precenjivanja (idealizacije) i potcenjivanja. Dvojne uloge – kažnjavanog mazohiste i kaznenog sadiste (ega i superega), roditelja i deteta – prožimaju sve odnose koje narcis gradi sa drugim ljudima.

Kako njegove veze napreduju, on prolazi kroz zamenu uloga. U početku veze, on je dete koje žudi za pažnjom, odobravanjem i divljenjem. Postaje zavistan. Ali, na prvi znak neodobravanja (bilo stvarnog, bilo umišljenog), pretvara se u odlučnog sadistu koji kažnjava i nanosi bol.

Opšte je prihvaćeno da gubitak (stvaran ili percipiran) u kritičnoj fazi psihološkog razvoja deteta, dovodi do toga da ono postaje samo sebi jedini izvor utehe i zadovoljstva. Dete prestaje da veruje drugima, a njegova sposobnost da razvije objektnu ljubav izvan sebe ili da je idealizuje, biva osujećena. Proganja ga osećanje da isključivo ono samo može da zadovolji svoje emocionalne potrebe.

Ono eksploatiše ljude – ponekad nesvesno, ali uvek bespoštedno i nemilosrdno. Koristi ih kao sredstvo za potvrdu tačnosti sopstvene grandiozne slike o sebi.

Narcis je obično iznad terapije: on zna najbolje; oseća se superiornim u odnosu na terapeuta, a posebno u odnosu na celokupnu psihološku nauku. Na terapiju pristaje tek nakon ozbiljne životne krize, koja direktno ugrožava njegovu projektovanu i percipiranu sliku o sebi. Ali, i tada želi samo jedno – da ponovo uspostavi prethodnu, patološku ravnotežu svog života.

Terapijske seanse sa narcisom više liče na bojno polje. On je hladan i distanciran, na svaki mogući način demonstrira svoju nadmoć i negoduje zbog onoga što doživljava kao upad u svoj najdublji unutrašnji prostor. Vređa ga svaki nagoveštaj da njegova ličnost ili ponašanje imaju bilo kakvu manu ili disfunkciju. Narcis ostaje narcis – čak i kada zatraži pomoć, dok mu ceo svet i čitav njegov pogled na stvarnost – tone i urušava se.

Teorije objektnih odnosa i narcizam

Oto Kernberg (1975, 1984, 1987) se ne slaže sa Frojdovom pretpostavkom. On smatra da je pogrešna podela između „objektne libido energije“ (usmerene na objekte, značajne druge osobe, ljude u neposrednom okruženju deteta) i „narcističke libido energije“ (usmerene na sopstveno „ja“ kao najneposredniji i najzadovoljavajući objekat).

Da li će dete razviti normalni ili patološki narcizam, zavisi od odnosa između predstave sopstvenog Ja (otprilike, slike o sebi koju dete formira u svom umu) i predstave o objektima (otprilike, slike o drugim ljudima koje dete formira na osnovu svih raspoloživih emocionalnih i objektivnih informacija). Sve ovo, takođe zavisi od odnosa između predstave sopstva i stvarnih, spoljašnjih, „objektivnih" objekata.

Ovome treba dodati i instinktivne konflikte povezane, kako s libidom, tako i s agresijom (jer su to snažne emocije koje u detetu izazivaju razarajuće unutrašnje sukobe), čime se dobija sveobuhvatno objašnjenje nastanka patološkog narcizma.

Kernbergov Ja koncept, usko je povezan s Frojdovim pojmom ega. Ja je zavisno od nesvesnog, koje ima neprekidan uticaj na sve mentalne funkcije. Patološki narcizam, zato, odražava libidinalno ulaganje u patološki strukturirano Ja, umesto u normalno integrisano Ja.

Narcis pati jer je njegovo Ja obescenjeno ili vezano za agresiju. Svi odnosi ovakvog Ja s objektima su iskrivljeni: ono se odvaja od stvarnih objekata (jer ga oni često povređuju), projektuje, disocira ili potiskuje. Narcizam nije isključivo fiksacija na ranu razvojnu fazu, niti je sveden na neuspeh u formiranju unutar-psihičkih struktura.

Franc Kohut je posmatrao narcizam kao krajnji rezultat neuspešnih nastojanja roditelja da odgovore na detetovu potrebu za idealizacijom i grandioznošću (na primer, za svemoćnošću).

Idealizacija je važan razvojni put koji vodi ka narcizmu. Dete spaja idealizovane aspekte slika svojih roditelja (*Imagosa*, kako ih Kohut naziva) s onim segmentima roditeljske slike koji su ispunjeni objektnom libido energijom (energijom koju dete usmerava na objekte).

Ovo magično stapanje ima ogroman i presudan uticaj na procese ponovne internalizacije – procese u kojima dete iznova uvodi objekte i njihove slike u svoj psihički svet – u svakoj narednoj fazi razvoja. Upravo ovaj mehanizam predstavlja suštinu načina na koji pojedinac percipira druge ljude i svet, kao i načina na koji uči da ostvaruje odnose sa njima.

Kroz ove procese formiraju se dva trajna jezgra ličnosti:

a) osnovna, neutrališuća struktura psihe; i

b) idealni superego.

Oba ova jezgra odlikuje instinktivna narcistička investicija ili kateksa (ulaganje energije u ljubav prema sebi, koja je instinktivne prirode).

Dete u početku idealizuje svoje roditelje. Kako odrasta, počinje da zapaža njihove mane i nedostatke. Postepeno povlači deo libidinalne energije, koja je bila usmerena na njihovu idealizovanu sliku, što omogućava prirodan razvoj superega. Međutim, narcistički deo psihe deteta ostaje osetljiv tokom čitavog procesa razvoja. To je naročito izraženo sve dok „dete“ ne uspe da re-internalizuje idealizovanu sliku roditelja.

Osim toga, veoma osetljiva struktura mentalnog aparata može biti narušena traumatskim nedostacima i gubitkom značajnih objekata tokom čitavog Edipalnog perioda (pa čak i u latenciji i adolescenciji).

Isti efekat može imati i traumatsko razočaranje u objekte.

Razvojne poremećaje, koji dovode do nastanka narcističkog poremećaja ličnosti (NPL), možemo grupisati na sledeći način:

1. *Veoma rani poremećaji u odnosu s idealnim objektom.* Oni vode ka strukturalnoj slabosti ličnosti, koja razvija deficitarni i/ili disfunkcionalni mehanizam za filtriranje stimulusa. Zbog toga je narušena sposobnost pojedinca da održi osnovnu narcističku homeostazu ličnosti. Takav pojedinac pati od difuzne narcističke ranjivosti.
2. *Poremećaj koji se javlja kasnije u životu – ali i dalje u preedipalnom periodu* – utiče na formiranje osnovnih mehanizama za kontrolu, kanalisanje i neutralisanje nagona i impulsa. Ovaj poremećaj ima traumatsku prirodu i proizlazi iz susreta sa idealnim objektom (na primer, zbog velikog razočaranja). Simptomatska manifestacija ovog strukturnog poremećaja ogleda se u skolonosti da se derivati nagona, kao i unutrašnji i spoljašnji konflikti, ponovo seksualizuju – bilo kroz fantazije, bilo kroz devijantna ponašanja.
3. *Poremećaj koji se razvija u edipalnom ili čak u ranom latentnom periodu* ometa uspešno dovršenje idealizacije superega. Ovo je naročito izraženo u slučajevima kada razočaranje u idealni objekat kasne preedipalne i edipalne

faze dovodi do traumatskog urušavanja spoljašnjeg, delimično idealizovanog pandana novo-internalizovanog objekta.

Takav pojedinac poseduje skup vrednosti i standarda, ali je uvek u potrazi za idealnim spoljašnjim figurama, od kojih nastoji da dobije potvrdu i vođstvo – ono što ne može da izvuče iz svog nedovoljno idealizovanog superega.

DRUGO POGLAVLJE

Biti poseban

Svi mi se plašimo mogućeg gubitka svog identiteta i posebnosti. Ovaj strah posebno snažno osećamo u gomili ljudi. „Daleko od razuzdane svetine“ nije samo naslov knjige, već i prikladan opis jednog od najstarijih mehanizama povlačenja.

Želja da izbegnemo anonimnost, da budemo različiti i „posebni“ u najprimitivnijem smislu, jeste univerzalna. Ona prevazilazi kulturne granice i prostire se kroz različite epohe ljudske istorije. Frizura, odevanje, ponašanje, životni stilovi i plodovi našeg stvaralačkog uma – služe upravo tome – da nas razlikuju od drugih („brend Ja“).

Osećaj „jedinstvenosti i posebnosti“ jeste od suštinske važnosti. On se nalazi u osnovi mnogih društvenih običaja. Ljudi se osećaju nezamenjivo, kao jedinstvena pojava, na primer u ljubavnoj vezi. Njihova izuzetnost se ogleda u njihovom partneru, koji im pruža „nezavisnu, spoljašnju i objektivnu“ potvrdu sopstvene posebnosti.

Ovo se veoma približava patološkom narcizmu, kako je on definisan u uvodu ovog ogleda. Zapravo, razlika je u meri, a ne u suštini.

Zdrava osoba „koristi“ druge kako bi potvrdila svoj osećaj posebnosti, ali u tome ne preteruje. Za prosečnu osobu, osećaj sopstvene posebnosti nije od primarnog značaja. Ona svoj identitet uglavnom izgrađuje na snažnom i dobro definisanom egu. Dovoljno je postaviti jasne granice između njenog ega i bliskosti sa voljenom osobom – svojim sopstvom.

Samo ljudi sa nerazvijenim, nezrelim i nedovoljno diferenciranim egom traže sve veće količine spoljašnjeg potvrđivanja sopstvenih granica, sve više odraza sebe u drugima. Takvi ljudi ne prave razliku između značajnih i manje bitnih osoba. Svako ima istu vrednost i ispunjava istu funkciju: odraz, potvrdu, prepoznavanje, divljenje ili pažnju. Zbog toga su im svi ljudi zamenjivi i potrošni.

Narcis u svojim odnosima koristi sledeće mehanizme. Uzmimo za primer brak:

1. On se „stapa“ sa svojim partnerom i doživljava ga kao odraz spoljašnjeg sveta;
2. On ostvaruje apsolutnu kontrolu nad partnerom (opet, u njegovoj simboličnoj ulozi sveta).

Ova dva mehanizma zamenjuju zdravije oblike odnosa, u kojima partneri zadržavaju svoje individualne granice, dok istovremeno stvaraju novu „celovitost zajedništva“.

- Kako bi obezbedio neprekidan priliv narcističkog snabdevanja, narcis nastoji da „umnoži“ svoj projektovani lik. Postaje zavistan od javnosti, slave i popularnosti.
  Samo posmatranje svog „umnoženog ja“ – na bilbordima, televizijskim ekranima, koricama knjiga ili u novinskim člancima – održava narcisoidna osećanja svemoći i sveprisutnosti, nalik onima koja je doživljavao u ranom detinjstvu. Ova „replika“ predstavlja „egzistencijalnu zamenu“, dokaz njegovog postojanja – funkcije koje inače obavlja zdravo, dobro razvijeno ja, kroz interakcije sa spoljašnjim svetom (princip realnosti).
- U krajnjim slučajevima lišenosti, kada narcističko snabdevanje ne može da se pronađe ni u jednom izvoru, narcis se raspada i dezintegriše, ponekad čak do tačke psihotičnih mikroepizoda. On takođe stvara ili učestvuje u

hermetičkim, ekskluzivnim, sektaškim društvenim krugovima čiji članovi dele njegove zablude (patološki narcisoidni prostor). Uloga ovih sledbenika jeste da služe kao njegova psihološka svita i da mu pružaju „objektivan" dokaz njegove veličine i značaja.

Kada ovakvi mehanizmi zataje, nastaje sveobuhvatan osećaj ništavila i otuđenosti.

Napuštanje od strane bračnog partnera ili poslovni neuspeh, na primer, predstavljaju krize čije dimenzije i značenje ne mogu da se potisnu. One narcisa često dovode do toga da potraži terapeutsku pomoć. Lečenje počinje tamo gde prestaje samozavaravanje, ali nakon značajne dezintegracije samog tkiva njegovog života i ličnosti, on može da učini tek najmanji ustupak porazu. Čak i tada, narcis želi samo da bude dovoljno „sređen", kako bi mogao da nastavi da živi kao i ranije.

Granice (a ponekad i samo postojanje) narcisovog ja zavise od drugih. U trenucima krize, čak i kada je okružen ljudima, on ima unutrašnji osećaj ubrzanog, nekontrolisanog raspadanja.

Ovo osećanje je opasno po život. Suočen sa ovim konfliktom, narcis očajnički traži ili improvizuje rešenja, bez obzira na njihovu optimalnost ili cenu. On žuri da pronađe novog partnera, obezbedi publicitet ili se poveže sa novim „prijateljima", koji su spremni da udovolje njegovoj nasušnoj potrebi za narcističkim snabdevanjem (NS).

Osećaj preke potrebe dovodi narcisa do obustavljanja svakog rasuđivanja. U tim okolnostima, narcis je sklon da pogrešno proceni osobine i sposobnosti potencijalnog partnera, vrednost sopstvenog rada ili svoj društveni status. On neselektivno koristi sve svoje odbrambene mehanizme kako bi opravdao i racionalizovao ovu histeričnu potragu.

Većina narcisa odbija terapiju čak i u najtežim okolnostima. Uvereni u svoju svemoć, oni odgovore traže u sebi i kod sebe, verujući da mogu sami da se „poprave" i „održe". Prikupljaju informacije, oni filozofiraju, „kreativno inoviraju" i kontempliraju. Sve to čine sami, a čak i kada su primorani da se oslone na tuđe mišljenje, retko će to priznati i skloni su da omalovažavaju one koji im pomažu.

Narcis ulaže ogromnu količinu vremena i energije u izgradnju sopstvene posebnosti. Njega opseda stepen njegove posebnosti, kao i načini na koje može da je dokaže, prenese drugima i dokumentuje.

Narcisova referentna tačka obuhvata ništa manje nego buduće naraštaje i celokupno čovečanstvo. On je *sui generis* i to mora biti odmah i univerzalno priznato. Njegova izuzetnost mora biti (barem potencijalno) poznata svima i u svakom trenutku – inače ona gubi svoju privlačnost. To je situacija u kojoj nema sredine: to je sve ili ništa.

TREĆE POGLAVLJE

Posebnost i intimnost

Posebnost i intimnost su snažni suparnici.

Intimnost podrazumeva izvesno poznavanje partnera kroz pristup privilegovanim informacijama. Ipak, upravo takve delimično ili u potpunosti uskraćene informacije podupiru osećaj nadmoći, posebnosti i tajanstvenosti – koje neizbežno iščezavaju kada bivaju otkrivene i izložene.

Osim toga, intimnost je opšta i sveprisutna. Ona ne pruža posebnost onome ko za njom teži.

Kada nekoga naposletku upoznamo zaista blisko, svi nam deluju posebno. Lične osobenosti izranjaju sa produbljivanjem bliskosti. Intimnost nas sve čini jedinstvenima, pa time poništava samonametnutu neponovljivost onoga koji sebe smatra istinski i isključivo posebnim – narcisa.

Na kraju, sam proces ostvarivanja bliskosti stvara (varljiv) osećaj posebnosti. Dvoje ljudi koji se međusobno upoznaju na intiman način, postaju jedno drugome neponovljivi.

Ove osobine intimnosti poništavaju narcisovu urođenu predstavu o posebnosti. Intimnost nam može pomoći da se razlikujemo u očima naših najbližih – ali nas istovremeno čini običnim i neprepoznatljivim za druge. Ako su svi različiti, onda niko nije poseban. Široko rasprostranjena dela ili ponašanja su anatema za posebnost. Intimnost uklanja asimetrije u informacijama, obara nadmoć i demistifikuje.

Narcis čini sve što je u njegovoj moći da izbegne intimnost. Na primer: on stalno laže o svakom aspektu svog života: o sebi, svojoj životnoj priči, svojim zanimanjima i emocijama. Ovi lažni podaci garantuju informativnu prednost, asimetriju ili „prednost" u njegovim odnosima. Oni podstiču odbacivanje intimizacije. Uporno bacaju mrlju prikrivenosti, odvojenosti i tajanstvenosti na narcisova pitanja.

Narcis laže čak i na terapiji. On zamagljuje istinu koristeći „psiho-babl", ili stručni žargon. To čini da se on oseća kao da pripada intelektualnoj eliti, da je „renesansni čovek". Pokazujući svoje poznavanje nad nekoliko stručnih žargonskih izraza on gotovo dokazuje (sebi) da je superčovek. Na terapiji to ima efekat „objektivizacije" narcisa i stvara emotivnu distancu.

Ovakvo narcisovo ponašanje, njegov partner doživljava kao frustrirajuće i kao značajnu prepreku za lični rast. Živeti s njim slično je životu sa emocionalno odsutnim nedefinisanim bićem, ili sa „vanzemaljcem", nekom vrstom „veštačke inteligencije". Narcisovi partneri se često žale na sveobuhvatne osećaje zatočeništva i kažnjavanja.

Psihološki izvor ovog tipa ponašanja može biti povezan sa mehanizmom transfera. Mnogi narcisi postaju žrtve nerešenih konflikata sa svojim primarnim objektima (roditeljima ili negovateljima), naročito s roditeljem suprotnog pola. Razvoj narcisovih veština intimnosti je ometan u ranoj razvojnoj fazi. Kažnjavanje i frustriranje partnera ili supruga su način da se osvete roditelju zlostavljaču. To je način da se izbegne narcisoidna povreda, koja neizbežno dolazi s napuštanjem.

Ponekad nam se čini da je narcis još uvek dete koje trpi bol. Njegov stav zadovoljava primarnu potrebu: da ne bude ponovo povređen. Narcis predviđa svoje napuštanje i, pokušavajući da ga izbegne, on ga izaziva. Možda to čini kako bi pokazao da – budući da je sam uzrok svog napuštanja – on ima potpunu i apsolutnu kontrolu nad svojim odnosima.

Imati kontrolu – ova nedostižna potreba – jeste direktna reakcija na napuštanje, ignorisanje, zanemarivanje, izbegavanje, gušenje ili zlostavljanje u ranoj fazi života. „Nikada više" – zaklinje se narcis – „Ako neko nekoga bude napuštao, to ću biti ja."

Narcis nema empatiju i nesposoban je za intimnost sa drugima, kao ni sa samim sobom. Laž je za njega – druga priroda. Njegovo lažno Ja ga preuzima. Narcis počinje da veruje u svoje sopstvene laži. On sebe pravi onim što želi da je bio, a ne onakvim kakav zaista jeste.

Život je, za narcisa, neobična mešavina: događaja, poteškoća, negativnih spoljašnjih uticaja, predviđanja i projekcija. On preferira ovaj „objektivni i merljivi" način odnosa sa svetom u odnosu na mnogo prezreniju „dodirnu i osećajnu" alternativu. Narcis se toliko plaši unutrašnje septičke jame svojih negativnih emocija, da bi ih radije negirao i izolovao, čak i ako to znači odustati od mogućnosti da upozna samog sebe.

Narcis je sklon održavanju asimetričnih odnosa u kojima istovremeno potvrđuje i demonstrira svoju superiornost. Čak i u odnosu sa svojim partnerom ili supružnikom, neprekidno teži da bude guru, predavač, učitelj (ponekad i mistik), psiholog ili iskusni starac.

Narcis nikada ne razgovara – on drži predavanja. Nikada se ne kreće spontano – on zauzima poze. On je pokroviteljski nastrojen, snishodljiv, velikodušan, teatralan ili poučava druge. Ovo je blaži oblik narcizma. U njegovim malignijim varijantama, narcis postaje napadan, ponižava druge, sadističan je, nestrpljiv i ispunjen je gnevom i ogorčenjem. Neperestano je kritičan i muči ljude oko sebe beskrajnim, jetkim cinizmom, uz izraze gađenja i prezira.

Ne može se izaći iz zamke koju je narcis postavio: on prezire one koji su mu pokorni, a strahuje od onih koji su nezavisni; mrzi i jake (koji predstavljaju pretnju) i slabe (koji su mu, po definiciji, odbojni).

Ako ga neko upita zašto nije sposoban za kontakt u pravom smislu te reči, narcis nudi niz besprekorno osmišljenih objašnjenja. Ona gotovo uvek uključuju „objektivne" teškoće koje se tiču njegovih osobina, lične istorije i karakteristika njegovog okruženja – kako ljudskog, tako i neljudskog.

Narcis je prvi koji će priznati koliko je drugima teško da mu se prilagode ili da mu se približe. U njegovom umu, upravo te teškoće ga čine posebnim i u potpunosti objašnjavaju jaz između njegovih grandioznih predstava o sebi i sumorne, isprazne stvarnosti u kojoj živi (tzv. grandiozni jaz). Za njega, nema te sumnje ko kome treba da se prilagodi: svet bi trebalo da se uskladi s njegovim superiornim standardima i zahtevima – i time, usput, postane bolje mesto.

Neizbežno, seksualnost narcisa je podjednako poremećena kao i njegovo emotivno okruženje.

Razlikujemo tri tipa seksualnih komunikatora (i samim tim, tri oblika seksualne komunikacije):

1. *Emotivno-seksualni komunikator* – prvenstveno oseća seksualnu privlačnost prema potencijalnom partneru. On zatim, procenjuje njihovu međusobnu kompatibilnost, da bi se, naposletku, zaljubio i stupio u seksualni odnos.
   Njegova veza se zasniva na sagledavanju druge osobe u celini, kao jedinstvenog sklopa osobina i karakteristika, i dobrih i loših.
   Ovakvi narcisovi odnosi obično traju razumno dugo, a raspadaju se postepeno, kako promene u psihološkom sklopu oba partnera počinju da narušavaju njihovo uzajamno razumevanje i stvaraju emocionalne deficite i glad, koju je moguće utažiti jedino pronalaženjem novih partnera.

Tabela pregleda: tipovi komunikatora

tip komunikatora / karakteristike	čisto seksualni	emotivno-seksualni	transakcioni
jačina veze	SLABA: promenjivost, jaka motivacija, nizak prag nadražaja	SREDNJA: emocije blede, potreban je novi, snažan podsticaj	JAKA: retka kompatibilnost osigurava negativne posledice prekida veze
osnovna ravan i sredstva procene	FIZIČKA: izgled, mirisi, boje, glas, seks	EMOTIVNA: interakcija, introspekcija i posmatranje	KOMPATIBILNOST: sklonosti, stavovi, seks, planovi za budućnost, razgovori
filtriranje	seks-emocije-kompatibilnost	emocije-seks-kompatibilnost	kompatibilnost-seks-emocije

zone kompromisa	kompatibilnost (nestabilnost veze)	kompatibilnost (ravnoteža između emocija i kompatibilnosti narušava se tokom raspada veze)	seks (seksualni kompromisi ne utiču na kompatibilnost i emocije)
kontrola, regulacija i ose posmatranja	eksterni-eksterni (2 ljudska tela, seksualne tehnike)	interni-eksterni (telesni kontakt kao izražavanje emocija)	interni-interni
obrazac raspada odnosa	gubitak interesovanja kada se pojavi alternativa	emotivna predvidljivost, dosada, slabljenje interesovanja, pronalazak alternative	promena ključnog parametra kod jednog od partnera
ravan interakcije	svesna, telesni parametri, signalna komunikacija	polusvesna i nesvesna, mešoviti parametri (telesni i verbalni), mešovita komunikacija (signalna i verbalna)	svesna, verbalni parametri, verbalna komunikacija

tipovi komunikatora	primarni: seksualni sekundarni: emotivni	primarni: emotivni sekundarni: seksualni ili transakcioni (retko)	primarni: transakcioni sekundarni: seksualni ili emotivni (retko)

Transakcioni seksualni komunikator – najpre procenjuje da li su on i potencijalni partner uzajamno kompatibilni. Ako utvrdi da jesu, prelazi na ispitivanje partnera u seksualnom smislu, a zatim gradi navike koje, s vremenom, daju privid ljubavi, mada hladne i bez strasti.
On ostvaruje veze sa osobama koje smatra pouzdanim partnerima i dobrim prijateljima.
Strast i požuda čine tek neznatan deo ove veze, ali je ona, po pravilu, vrlo stabilna, a odnosi zasnovani na ovim principima najduže traju.

2. Čisto seksualni komunikator – pre svega oseća seksualnu privlačnost prema potencijalnom partneru.
Nakon toga, započinje seksualno istraživanje i testiranje druge strane.
Ova interakcija vodi ka razvoju emotivnog korelata (ljubavi, vezanosti), koja je delimično posledica formiranja navike.
Međutim, ovaj tip komunikatora ima najkraće i najnestabilnije veze. On partnera posmatra kao objekat ili funkciju. Njegov problem je prezasićenost iskustvima. Kao i svaki drugi zavisnik, vremenom povećava dozu (seksualnih susreta), što vodi do duboke nestabilnosti njegovih odnosa.

Napomene za stručnjake iz oblasti mentalnog zdravlja:

Narcisoidna ličnost je gotovo uvek isključivo seksualni komunikator. Ovo je, očigledno, preterano pojednostavljenje, ali pruža uvid u način na koji narcisoidna osoba pristupa odabiru partnera.

Narcisovo ponašanje u traganju za partnerom je obično infantilno, bilo usled fiksacije (pregenitalne ili genitalne), bilo zbog nerešenog Edipovog kompleksa. Narcis teži da razdvoji seksualnost od emocionalne povezanosti. On je najbolji ljubavnik onda kada u seksu nema emotivnog sadržaja.

Njegov seksualni život je najčešće krajnje nepravilan, pa čak i atipičan. Ponekad živi aseksualnim životom sa partnerom koji je zapravo samo platonski „prijatelj". Ovaj fenomen nazivam „infantilnim pristupom približavanja i izbegavanja".

Postoje razlozi za verovanje da su mnogi narcisi latentni homoseksualci. S druge strane, moguće je i da su neki homoseksualci potisnuti ili patološki narcisi. U krajnjem slučaju, homoseksualnost može biti privatni oblik (somatskog) narcizma – homoseksualac voli sebe u liku istopolnog objekta.

Narcis tretira druge ljude kao objekte. Njegova „značajna" osoba zapravo mu služi kao zamena za sopstveni ego. Ovu vrstu razmene ne bi trebalo mešati s ljubavlju. Zapravo, narcis nije sposoban da voli nikoga – počevši od sebe samog. Narcisa u vezama muči održavanje kontinuiteta i dostupnosti. On brzo doseže tačku zasićenja (seksualno i emotivno). Oseća se sputanim i zarobljenim, te beži – bilo fizički, bilo tako što postaje emotivno i seksualno odsutan. Na ovaj ili onaj način, on zaista nikada nije prisutan za svog partnera.

Štaviše, on preferira seks sa objektima ili reprezentativnim objektima. Neki narcisi daju prednost masturbaciji (objektivizujući svoje telo i svodeći ga na genitalije), grupnom seksu, fetišističkom seksu, parafilijama ili čak pedofiliji, umesto zrelom seksu sa jednim, intimnim partnerom.

Narcis, svog partnera smatra seksualnim objektom ili seksualnim robom. On je često verbalni, emotivni ili fizički nasilnik, uz tendenciju da seksualno zlostavlja partnera.

Ovo razdvajanje emotivnog i seksualnog života onemogućava narcisu da ima seksualne odnose sa osobama za koje veruje da ih voli (iako nikada ne voli istinski). On je prestravljen i odbija samu pomisao da mora da objektivizuje subjekat svojih emocija.

On razdvaja seksualne partnere od emotivnih – oni nikada ne mogu biti ista osoba.

Narcis je društveno uslovljen da poriče svoju prirodu (kao isključivo seksualni komunikator), što neizbežno pokreće ciklus frustracije i agresije.

Narcisi koji su odrasli u konzervativnim porodicama, gde je seks bio predstavljen kao nešto „prljavo i zabranjeno", često prihvataju način ponašanja transakcionog komunikatora. Oni traže „stabilnog partnera, nekoga s kim bi zasnovali porodicu". Ali, ovo ponekad protivreči njihovoj pravoj, potisnutoj prirodi.

Pravo partnerstvo, istinska, ravnopravna razmena, ne dopušta objektivizaciju partnera. Da bi veza uspela, oba partnera moraju da jedno drugo sagledaju u potpunosti – sa svim snagama i slabostima, strahovima i nadama, radostima i tugom. Narcis – za to nije sposoban.

On se zato oseća neadekvatno, frustrirano i, posledično svemu ovome, u strahu je da će biti napušten. Ovaj unutrašnji nemir, on pretvara u duboko ukorenjenu agresiju. Povremeno, taj sukob dostiže kritičan nivo, te narcis ispoljava izlive besa, emocionalno uskraćuje partnera ili ga ponižava. Verbalno ili fizičko nasilje nije retkost.

Položaj narcisa je neodrživ i nezavidan. On zna – iako tu spoznaju uglavnom potiskuje – da njegov partner ne pristaje na to da bude sveden na puki objekat, bilo u emotivnom, bilo u seksualnom smislu. Samo zadovoljenje narcisa nije dovoljno za izgradnju dugotrajne veze.

Ali, narcis očajnički žudi za stabilnošću i emocionalnom izvesnošću. Strahuje od toga da ponovo bude napušten ili zlostavljan. Zato poriče svoju pravu prirodu, u nadi da će time prevariti i sebe i svog partnera. Pretvara se – a ponekad uspe i sam sebe da ubedi – da mu je stalo do iskrenog partnerstva. Iskreno se trudi, izbegava nezgodne teme, pažljivo se konsultuje sa partnerom pri donošenju odluka, i tako dalje.

Ali unutar sebe, on gomila rastuće nezadovoljstvo i frustraciju. Njegova „usamljenička" priroda neminovno će se, pre ili kasnije, ispoljiti. Suočavanje sa ovim neskladom – između uloge koju igra da bi produžio svoje odnose i svoju suštinsku ličnost – u velikom broju slučajeva dovodi do eksplozije. Narcis je osuđen da pređe prag nasrtljivosti, ako ne i nasilja. Prelazak iz uloge brižnog ljubavnika i partnera u ulogu razbesnelog tiranina – fenomen „Dr. Džekila i gospodina Hajda“ – zaista je zastrašujući.

Postepeno, poverenje između partnera biva nepovratno narušeno, a put ka najvećim narcisovim strahovima – napuštanju, emotivnoj pustoši i raspadu veze – popločava on sam.

U tom tužnom paradoksu – u kojem je narcis izvršilac sopstvene kazne – leži suština narcisoidnosti. On je, poput Sizifa, osuđen da beskrajno ponavlja isti krug obmane, besa i mržnje.

Narcis strahuje od unutrašnjeg preispitivanja jer bi, kada bi se suočio sa samim sobom, otkrio istinu koja je istovremeno zastrašujuća i oslobađajuća: njemu, na duže staze, niko nije potreban. Drugi ljudi su za njega samo prolazna, trenutna rešenja.

Iako se često grčevito trudi da dokaže suprotno, narcis je u svojim odnosima isključivo oportunistički nastrojen. Upravo zbog toga, on često ulazi u brak iz pogrešnih razloga: da bi kroz društveno prihvatanje, umirio svoj nemiran duh i pronašao prividan mir.

Ali, narcisu nije potrebno društvo, emocionalna podrška, a kamoli pravo partnerstvo. Na svetu ne postoji stvorenje samodovoljnije od narcisa. Godine nepredvidivosti u odnosima sa bližnjima, zlostavljanje u detinjstvu, a ponekad i decenije nasilja, agresije, nestabilnosti i poniženja, sasvim su uništile njegovo poverenje u druge. Narcis zna da može da računa samo na jedan, stabilan i bezuslovan izvor ljubavi i brige – na samog sebe.

Istina, u kriznim trenucima, kada mu je potrebna potvrda sopstvene vrednosti, narcis traži prijatelje. Ali, dok obični ljudi prijatelje traže zbog društva i podrške, narcis ih koristi na isti način na koji bolesnik koristi lekove ili izgladneli hranu. I ovde se ponavlja isti obrazac: za narcisa su drugi ljudi samo objekti, koje troši i odbacuje. On ovde, takođe, dokazuje diskontinuiranost i nedostupnost.

Štaviše, narcisu je dovoljno vrlo malo. Ako već ima supružnika, zašto bi sebi natovario još i teret prijatelja? Ljudi su za njega ono što je jaram za vola. Narcis nije u stanju da razume reciprocitet u odnosima. Njemu brzo dosade tuđi životi, problemi i zahtevi. Iscrpljuje ga sama potreba da se oko svojih odnosa potrudi.

Kada ljudi jednom ispune svoju funkciju – saslušaju ga, potraže njegov savet na način koji mu laska, pokažu mu divljenje – najbolje je da nestanu sve dok ih ponovo ne pozove. Kada se od njega očekuje da uzvrati, narcis oseća teret. Čak i najobičnija ljudska interakcija, od njega zahteva da potvrdi svoju grandioznost i troši svoje vreme i energiju u pažljivo osmišljenoj predstavi.

Narcis zato svoje društvene kontakte svodi na one situacije koje mu donose pozitivan bilans energije, odnosno narcističkog snabdevanja (pažnju, divljenje, slavu, seks). Druženje sa drugima, za njega predstavlja potrošnju energije, ali je spreman na sve to, dokle god korist koju iz toga izvlači, nadmašuje utrošak energije.

Ovaj „perpetuum mobile" ne može dugo da traje. Ljudi oko narcisa vremenom osete iscrpljenost i dosadu, pa se njegov društveni krug sužava. Kada se to dogodi, narcis oživljava – i uz pomoć svog nesumnjivog ličnog šarma ponovo gradi svoje okruženje, svestan da će se, pre ili kasnije, ono takođe raspasti u lavini gađenja i ogorčenosti.

A kako je sa decom – oličenjem publike koja ne može da pobegne?

Narcis je ili užasnut samom pomišlju na potomstvo ili je njome potpuno opčinjen. Dete je, uostalom, najčistiji i najpouzdaniji izvor narcističkog snabdevanja. Ono bezuslovno obožava, pokorava se i divi. Ali, ono je istovremeno i zahtevno biće, koje odvlači pažnju sa narcisa. Ono guta resurse, energiju, emocije i vreme. Narcis se lako priklanja stavu da je dete konkurentska pretnja, dosadni teret i nešto potpuno nepotrebno.

Ovakvi temelji bračnog života su veoma nestabilni. Narcisu nije potrebno, niti on traži društvo ili prijateljstvo. On ne povezuje seksualnost i emocije – teško mu je da vodi ljubav sa osobom koju „voli". Na kraju, on u suštini prezire svoju decu i nastoji da ih svede na ulogu izvora narcističkog snabdevanja. On je loš prijatelj, ljubavnik i otac. Velika je verovatnoća da će se više puta razvesti (ako uopšte stupi u brak) i da će ulaziti u niz monogamnih veza (ukoliko je „cerebralni" tip) ili poligamnih odnosa (ako je „somatski" narcis).

Većina narcisa je imala roditelja koji je bio funkcionalan, ali ravnodušan, koristeći dete za sopstvene narcističke potrebe. Narcisi često odgajaju nove narcise, nastavljajući da prenose svoj poremećaj. Konflikt sa frustrirajućim roditeljem reprodukuje se u njihovim intimnim vezama. Svoju nagomilanu agresiju, narcis preusmerava na supružnika, partnera i prijatelje. On mrzi i mrzi da to prizna, ali potiskuje svoja osećanja i povremeno eksplodira kroz napade besa.

Što je odnos prisniji, što druga strana ima više toga da izgubi raskidom veze, što je više zavisna od samog odnosa, pa i od narcisa – to je veća verovatnoća da će narcis biti agresivan, neprijateljski usmeren, zavidan i pun mržnje. Sve ovo je u službi dvostruke funkcije: s jedne strane, kao izduvni ventil za nagomilanu agresiju, a s druge – poput neke vrste „ispita".

Narcis neprestano stavlja na probu značajne osobe u svom životu: da li će ga prihvatiti onakvim kakav jeste, ma koliko bio nepodnošljiv? Drugim rečima, da li ga ljudi vole zbog njegove prave suštine, ili su zaljubljeni u pažljivo izgrađenu sliku koju projektuje? Narcis ne može da shvati – niti da poveruje – da je kod običnih ljudi razlika između njihove unutrašnje prirode i javne ličnosti zanemarljiva. U njegovom slučaju, ovaj jaz je toliki, da on mora da pribegava krajnjim metodama, kako bi utvrdio koga ljudi zaista vole – njegovo lažno Ja ili njegovu pravu ličnost.

Činjenica da ljudi ostaju uz njega, uprkos njegovom nepodnošljivom ponašanju, za narcisa je potvrda njegove posebnosti i superiornosti. Njegova agresija tako postaje sredstvo samopotvrde.

Kada mu je uskraćen pristup „spremnim žrtvama", narcis se prepušta fantazijama o neograničenoj agresiji i sadizmu. On može da se identifikuje s ličnostima koje su u istoriji bile poznate po krajnjoj okrutnosti ili sa periodima koji predstavljaju vrhunce ljudske izopačenosti.

Zato su narcisove, naizgled intimne veze, pune protivrečnosti i ambivalentnosti: ljubav i mržnja, dobronamernost i zavist, strah od napuštanja i želja da bude ostavljen, potreba za kontrolom isprepletena je s paranoičnim strahom od progona. Njegova psiha je u neprestanom unutrašnjem raskoraku, u sukobu koji ga muči bez obzira na spoljašnje ili olakšavajuće okolnosti.

Mentalna mapa #1

Loš, nepredvidiv, nedosledan, preteći objekat dovodi do defektne internalizacije (introjekcije loših objekata) i do nerešenog Edipovog komleksa.

Narušeni objektni odnosi, agresija, zavist, mržnja

Nizak osećaj samopoštovanja

Strah od erupcije ovih emocija

Narcistički odbrambeni mehanizmi

Potiskivanje svih emocija, i dobrih i loših (Ja kao objekat)

Kompenzacione funkcije

Preusmeravanje negativnih emocija na sebe

Grandioznost, fantazije

Izbegavanje emotivnih situacija

Jedinstvenost, zahtevanje obožavanja, „Ja zaslužujem" (sindrom privilegovanosti)

Intelektualna kompenzacija, eksploatativnost, zavist, nedostatak empatije, nadmenost

Objektivizacija DRUGOG

Formiranje Lažnog Ja (*False Self* – FS)

Poremećeni međuljudski odnosi (odnosi prenosa)

Izvori narcističke snabdevenosti (*Narcissistic Supply Sources* – NSS)

Strah da će (potencijalno) značajan drugi (spoljašnje potkrepljenje lažnog Ja):

1. Probuditi duboke emocije i izazvati negativne reakcije.

2. Izazvati strah od napuštanja (posledica neuhranjenog istinskog Ja – *True Self* – TS).

3. Narcisoidna ranjivost: istinsko Ja (TS).

   a. Negiranje posebnosti

   b. Povreda ega usled napuštanja

Anhedonija i disforija

Osećaj poništenja, dezintegracije (TS)

Strah od razotkrivanja, osude, progona (FS)

Ego-distoničnost (stres)

Ova mentalna mapa sadrži tri osnovna gradivna elementa psihe tipičnog narcisa: istinsko Ja, lažno Ja i izvore narcističkog snabdevanja.

Libido i agresija

Narcizam je direktna posledica nasilja koje je narcisoidna osoba doživela u ranom detinjstvu. Da bismo bolje razumeli njegove intimne odnose, najpre moramo da analiziramo ovaj aspekt narcizma: nasilje.

Emocije su instinkti. One su sastavni deo ljudskog ponašanja. Interakcije sa drugim ljudima pružaju okvir, organizacionu strukturu u kojoj se emocije skladno uklapaju. One se uređuju kroz objektne odnose, bilo u domenu libida (pozitivan pol) ili nasilja (negativan pol, koji je povezan sa povređivanjem).

Bes je osnovna emocija koja leži u osnovi nasilja. Kako se njegov intenzitet menja, tako poprima različite oblike. Poput Janusa, on ima dva lica: mržnju i zavist. Osnovna emocija libida je seksualno uzbuđenje. Ono proističe iz pradavnog taktilnog sećanja na dodir majčine kože, kao i na sveobuhvatni osećaj sigurnosti i mirisa njenih dojki, koje pružaju hranu i utehu.

Ova iskustva iz najranijeg razvojnog doba su od tolikog značaja, da svaki rani poremećaj objektnih odnosa – traumatsko iskustvo, fizičko ili psihičko zlostavljanje, napuštanje – može dovesti do dominacije nasilja nad libidom. U svakom slučaju, kada agresija prevlada nad libidinalnim nagonom, nastaje psihopatologija.

Emocionalni blizanci – libido i nasilje – ne mogu da se razdvoje. Oni obeležavaju svaki odnos sopstva prema nekom objektu. Sa svakim takvim odnosom nastaje svet emocionalno investiranih objektnih odnosa.

Dinamičko nesvesno se sastoji od osnovnih mentalnih iskustava, koja su, u stvari, dijadni odnosi između samopredstavljanja i objektnih predstava, u jednom od dva konteksta: ushićenju ili besu.

Podsvesna fantazija o sjedinjenju ili stapanju Ja i objekta, preovladava u simbiotskim odnosima – bilo u euforičnom raspoloženju, bilo u agresivnim i gnevnim ispadima.

Bes ima evolutivnu i adaptivnu funkciju. On služi kao signal koji upozorava pojedinca na izvor bola i iritacije i motiviše ga na njegovo uklanjanje. U tom smislu, bes je koristan ishod bola i frustracije. On, takođe, pomaže kod otklanjanja prepreka koje stoje na putu zadovoljenja potreba.

S obzirom na to da su najčešći izvori negativnih osećanja drugi ljudi, nasilje se (u vidu besa) usmerava na „loše“ objekte – one koji se doživljavaju kao namerni uzurpatori zadovoljenja naših potreba. Na krajnjem delu ovog spektra, nalazi se želja da se takav frustrirajući objekat natera da pati. Ali, ova želja predstavlja nešto sasvim drugo: ona spaja nasilje i zadovoljstvo, te samim tim poprima sadistički karakter.

Bes se lako može pretvoriti u mržnju. Postoji potreba da se loš objekat kontroliše kako bi se izbeglo proganjanje ili strah. Ova kontrola se ostvaruje razvojem opsesivnih mehanizama kontrole koji psihopatološki regulišu potiskivanje agresije kod takvog pojedinca.

Nasilje može da poprimi različite oblike, zavisno od mehanizama sublimacije agresivne reakcije. Ironičan humor, preterana iskrenost, traganje za autonomijom i ličnim usavršavanjem, kao i opsesivna potreba da se eliminiše svaka vrsta spoljašnjeg uticaja – sve su to različiti vidovi sublimacije agresije.

Mržnja proizlazi iz besa, koji ima za cilj uništenje lošeg objekta, da ga natera da pati i da ga kontroliše. Međutim, proces transformacije menja karakteristike besa u njegovom ispoljenju mržnje. Prvi je akutan, prolazan i destruktivan – dok je drugi hroničan, stabilan i povezan sa karakterom. Mržnja se čini opravdanom na osnovu osvete prema frustrirajućem objektu. Želja za osvetom je vrlo karakteristična za mržnju. Paranoidni strahovi od osvete prate mržnju. Tako, mržnja ima paranoidne, sadističke i osvetničke karakteristike.

Patološka zavist

Zavist je transformacija agresije. To je pohlepna želja da se objekt prisvoji, pa čak i uništi. Međutim, sam objekat, koji zavidni um nastoji da eliminiše prisvajanjem ili uništenjem, takođe je objekat ljubavi, OBJEKAT ljubavi bez kojeg život sam po sebi ne bi postojao ili bi izgubio svoj ukus i podsticaj.

Narcisov um je prožet svesnim i nesvesnim transformacijama velike količine nasilja u zavist. Teže slučajeve narcisoidnog poremećaja ličnosti (NPL) odlikuju delimična kontrola njihovih nagona, netolerancija na anksioznost i kruti kanali sublimacije. Intenzitet mržnje kod ovih ljudi je toliki, da oni negiraju i samu emociju, čak i bilo kakvu svest o njoj. Alternativno, nasilje se pretvara u akciju ili u glumatanje (*acting out*).

Ova negacija, takođe, utiče na normalno kognitivno funkcionisanje. Takav pojedinac ima povremene napade arogancije, radoznalosti i pseudo-gluposti – sve same transformacije nasilja koje su dovedene do krajnosti. U ovakvim slučajevima, teško je razlikovati zavist od mržnje.

Narcis stalno zavidi drugim ljudima. On im zavidi na njihovom uspehu, briljantnosti, sreći, ili sreći u životu. On je doveden do paranoičnih ispada, krivice i straha, koji se povlače tek nakon što 'odigra' konflikt ili kazni sebe. To je unutrašnji, zloćudni krug u koji je zatvoren. On posebno loše reaguje (sa „odrazom u neskladu“) na sudbinske preokrete: kada ljudi koji su nekada bili inferiorni prema njemu i koji su imali razlog da mu zavide, u jednom trenutku postaju superiorni u bilo kom pogledu.

Novi Oksfordski rečnik engleskog jezika, definiše zavist kao:

Osećaj nezadovoljstva ili ogorčene čežnje izazvane nečijim imetkom, kvalitetima ili srećom.

Dok, izdanje ranijeg datuma (*The Shorter Oxford English Dictionary*) dodaje:

Posramljenost i zlovolja, izazvane razmatranjem nečjih superiornih prednosti.

Patološka zavist – drugi smrtni greh – predstavlja složenu emociju. Ona nastaje kao rezultat svesti o nekom nedostatku, manama ili neadekvatnosti u sebi. To je rezultat neravnopravnog upoređivanja sebe sa drugima: njihovim uspehom, reputacijom, imetkom, srećom ili kvalitetima. To je patnja i poniženje, impotentna ljutnja i mučni, klizavi put koji ne vodi nigde. Napor da se probiju obloženi zidovi ove samoizolovane ćelije, često dovodi do napada na pretpostavljeni izvor frustracije.

Postoji spektar reakcija na ovu pogubnu i kognitivno iskrivljenu emociju:

Podvođenje objekta zavisti pod imitaciju

Neki narcisi nastoje da imitiraju ili prevaziđu svoje (uvek promenjive) uzore. Kao da na taj način, imitiranjem objekta svoje zavisti, narcis postaje taj objekat, prisvaja ga i konzumira. Tako, narcis često usvaja tipične gestove svog šefa; vokabular uspešnog političara; dres kod filmske zvezde; stavove uglednog tajkuna; čak i izraz lica i postupke (fiktivnog) glavnog junaka iz filma ili romana.

U svom nastojanju da nađe duševni mir, u svojoj paničnoj potrebi da olakša težinu ljubomore koja ga potkopava, narcis često počinje da propada kroz upadljivu i razmetljivu potrošnju, impulsivno i neodgovorno ponašanje, kao i kroz zloupotrebu nedozvoljenih supstanci.

U mom eseju *Džejlin ples*, (Sam Vaknin, After the Rain – How the West Lost the East, Prague and Skopje, Narcissus Publications, 2000 – p. 76-81) napisao sam:

U ekstremnim slučajevima, želja za brzim bogaćenjem putem kriminala i korupcije, nadmudrivanjem sistema, trijumfovanjem nad drugima – sve se to, u očima ovih ljudi, smatra vrhuncem snalažljivosti (pod uslovom da ih ne uhvate), životnim sportom, porokom na koji se zažmuri, začinom života.

Uništenje frustrirajućeg objekta

Ima i onih narcisa, čiji „izbor" je taj da unište objekt koji im zadaje toliko patnje, jer u njima izaziva osećanja neadekvatnosti i frustracije. Oni iskazuju opsesivan, slep animozitet i upuštaju se u prinudne činove rivaliteta, često po cenu sopstvene izolacije i samouništenja.

Iz mog eseja *Džejlin ples*:

Ova hidra ima mnogo glava: od ogrebane farbe sa novih automobila i njihovih probušenih guma, širenja zlonamernih tračeva, medijski naduvanih hapšenja uspešnih i bogatih biznismena, do ratova protiv privilegovanih komšija.

Zagušljivo, zgusnuto isparenje zavisti, ne može da se raspprši.

Oni prodiru u svoje žrtve, u njihove razjarene oči, u njihove proračunate duše, vode njihove ruke ka zlim delima i umaču njihove jezike u žuč ...

(Postojanje zavidnog narcisa je) neprestano šištanje, opipljiva zloba, probadanje hiljadu očiju, neizbežnost i unutrašnja prisutnost nasilja, otrovna radost lišavanja drugog, onoga što sam nema ili ne može da ima.

Samoponižavanje

Ima, takođe, narcisa koji idealizuju uspešne, bogate i srećne ljude. Oni im pripisuju nadljudske, gotovo božanske osobine ...

U nastojanju da opravdaju neodnošljivo bolne razlike između sebe i drugih, oni se ponižavaju dok uzdižu druge.

Oni umanjuju i poništavaju sopstvene darove; omalovažavaju svoja dostignuća; ponižavaju svoju imovinu; gledaju s *prezirom i gađenjem na svoje najbliže i najdraže, koji nisu u stanju da uoče ni njihove suštinske nedostatke. Oni sebe smatraju dostojnima samo poniženja i kazne. Obuzeti krivicom i kajanjem, lišeni samopoštovanja, u večitom stanju samomržnje i samoporicanja – ovo je daleko najopasnija vrsta narcisa.*

Jer, onaj ko nalazi zadovoljstvo u sopstvenom poniženju, ne može a da ne oseti radost u padu drugih. Zaista, većina njih na kraju dovodi predmete svoje odanosti i obožavanja do propasti i dekadencije ...

Kognitivna disonanca

... Ali, najčešća reakcija jeste dobro poznata – kognitivna disonanca. Bolje je verovati da je grožđe kiselo nego priznati da se za njim žudi.

Ovi ljudi umanjuju vrednost izvora svoje frustracije i zavisti. Oni u svemu, što zaista najviše žele i čemu teže, kao i u svima koji su postigli ono što sami toliko često ne uspevaju – pronalaze nedostatke, ružne osobine, visoke cene koje treba platiti ili čak nemoral. Oni koračaju među nama, kritički nastrojeni i samozadovoljni, uzoholjeni pravdom koju su sami stvorili i sigurni u mudrost opstajanja onoga što jesu, a ne onoga što su mogli biti i što zaista žele da budu. Oni od uzdržanosti prave vrlinu, od željene nemoći – kvalitet, od osuđujuće neutralnosti – ovaj oksimoron, omiljen kod onih koji su nemoćni.

Izbegavanje: Šizoidno rešenje

Naravno, tu je i izbegavanje. Prisustvovanje uspehu i radosti drugih je isuviše bolno i cena koju bi trebalo platiti je previsoka. Zato narcis ostaje po strani, sam i izolovan. On živi u izmišljenom balonu koji je njegov svet, gde je on kralj i država, zakon i merilo, jedini i neponovljivi. Narcis postaje stanovnik svojih sve bujnih iluzija. Tamo je srećan i umiren.

Ali narcis mora samom sebi da opravda – u onim retkim trenucima kada primeti znake unutrašnjeg nemira – čemu sva ta mržnja i čemu zavist. Objekat zavisti i mržnje mora biti uvećan, proslavljen, idealizovan, demonizovan ili uzdignut do natčovečanskih visina, kako bi se opravdala tako jaka negativna osećanja. Pripisuju mu se izvanredne osobine, veštine i sposobnosti, i čini nam se da objekat ovih emocija poseduje sve one osobine koje bi narcis želeo da ima, a ipak ih nema.

Ovo je suštinski različito od čistijih, zdravijih oblika mržnje, usmerenih ka objektu koji je zaista – ili se zaista doživljava kao – zlokoban, opasan ili sadističan. U takvoj zdravoj reakciji, osobine omraženog objekta nisu one, koje bi osoba koja mrzi želela da poseduje!

Mržnja se, dakle, koristi za eliminisanje izvora frustracije, koja sadistički napada samog sebe. Zavist je usmerena na drugu osobu, koja sadistički – ili provokativno – sprečava ljubomorno Ja da dobije ono što želi.

Romantična ljubomora

Patološka zavist nije isto što i romantična ljubomora. Ove dve emocije imaju malo toga zajedničkog.

Romantična ljubomora je posledica narušenog poverenja, kršenja romantične isključivosti intimnosti i poricanja posedovanja. Ona, takođe, podrazumeva i narušavanje samopouzdanja i samopercepcije prevarenog partnera, koji sebe negativno upoređuje sa „konkurencijom“: preljuba se doživljava kao sveukupno odbacivanje prevarenog supružnika.

U romantičnim vezama, određene aktivnosti su rezervisane isključivo za partnera, čime se vezi daje smisao (čini je jedinstvenom i samim tim značajnom). Najčešće je to seksualni odnos, ali to mogu biti i druge zajedničke aktivnosti koje partneri smatraju posebnim: intimni razgovori, zajednička putovanja, čitanje poezije ili skijanje. Ove aktivnosti produbljuju povezanost partnera (stvarajući blagi oblik zajedničke posesivne psihoze). Kada jedan od partnera prekrši ovu ekskluzivnost deleći iste aktivnosti sa nekim drugim, veza gubi svoju suštinu i značaj („prestaje da bude posebna").

Ali kod narcisa, romantična ljubomora ima još složeniju ulogu.

Romantična ljubomora, za narcisa jeste mehanizam odbrane. Ona odražava narcističke osobine i ponašanja kao što su posesivnost, objektivizacija (postupanje sa partnerom kao sa predmetom) i napokon – ekstenzija (doživljavanje partnera kao produžetka sopstvenog ja: lišenog autonomije, ličnosti, potreba, želja i emocija). Ovo je razlog zbog kojeg narcis preljubu svog partnera doživljava kao napad na svoj integritet, odnosno kao ozbiljnu narcističku povredu.

Slično kao i nenarcisoidne osobe, narcisi osećaju poniženje zbog obmane, pate od anksioznosti zbog napuštanja, upoređuju sebe sa suparnikom i osećaju se uskraćeno, jer više nemaju pristup „uslugama" svog nevernog partnera (bilo da je reč o seksu, emocionalnoj intimnosti, kućnim obavezama, društvu ili bilo kojoj drugoj ulozi koju je partner igrao u njihovom životu).

Međutim, preljubnička povreda poverenja kod narcisa izaziva pravu paranoju (gde još vreba prevara?), dok narušavanje ekskluzivnosti ugrožava narcističku stopljenost sa partnerom, a negiranje posedovanja, rezultira ogromnim strahom od gubitka i razarajućom anksioznošću zbog napuštanja. Neki narcisi, u takvim situacijama čak počinju da ispoljavaju zavisnička (kodependentna) ponašanja, očajnički se držeći za propalu vezu u nastojanju da povrate kontrolu nad njom.

Pored toga, supružnička preljuba dovodi u pitanje narcisovu sliku o sebi kao posebnom, savršenom, svemoćnom i sveznajućem biću – drugim rečima, dovodi u pitanje njegovo lažno Ja. Ako je zaista jedinstven i savršen – zašto je njegov partner otišao? Ako je svemoćan – kako nije uspeo da spreči ovu izdaju? A, ako je sveznajući – kako to da je poslednji saznao za aferu svoje supruge ili, još gore, za njenu dugogodišnju tajnu vezu?

Zato narcisi osećaju ljubomoru čak i prema bivšim partnerima svoje supruge pre braka, kao i prema ljubavnim vezama koje ona ima nakon razvoda. Neki narcisi, svesni da ne mogu večno da kontrolišu svoje partnere, postaju svingeri ili se upuštaju u grupni seks, ubeđujući sebe da su na taj način „pripitomili" i „ukrotili" neverstvo. Kao što jedna izreka kaže: „Ako ne možeš da ih pobediš – pridruži im se."

ČETVRTO POGLAVLJE

Funkcionisanje narcisa: fenomenologija

Svi mi se suočavamo s izborom: možemo postati horizontalni ekspanzionisti ili vertikalni penjači.

Možemo da odaberemo profesiju, poziv, zanimaciju, geografsko područje, bračnog partnera ili stil života, da se držimo uz izbor i da se uspinjemo uz, za to predviđenu, lestvicu. To zahteva neprekidno učenje, specijalizaciju, usmerenu energiju, duboku posvećenost i upornu istrajnost. Takvi ljudi pripadaju alfa tipu postignuća (A).

Alternativa je česta promena zanimanja, neprekidna putovanja i namerno gomilanje iskustava, sećanja i susreta – s ljudima i u okruženjima. Ukratko: učiti pomalo o mnogo čemu. Cena takvog izbora jeste izostanak društveno priznatih dostignuća.

Većina narcisa pripada drugoj grupi, u većini aspekata svog života. Oni često održavaju jedno ostrvo stabilnosti (na primer, brak ili karijeru), dok su ostale sfere njihovog života krajnje nestalne. Uložiti naporan rad i posvetiti se temeljnom učenju, značilo bi priznati sopstvenu nesavršenost, odsustvo sveznanja i svemoći. Narcisi ne podnose teškoće, izazove, neznanje ili sopstvene nedostatke.

Narcisi nisu sposobni da odlože zadovoljenje svojih potreba. Oni su bića trenutka, jer se osećaju neograničeno privilegovanima. Kada su primorani da se specijalizuju ili istraju u nečemu, doživljavaju to kao stagnaciju i „smrt“. Ovde nije reč o izboru, već o strukturnom ograničenju: narcis je tako sazdan, takav je njegov *modus operandi*, a njegov nepostojani stil života i vrtoglava raznovrsnost aktivnosti, upisani su u njegov priručnik operativnog funkcionisanja.

Direktna posledica svega ovoga jeste to da narcis nije sposoban da održi stabilnu bračnu zajednicu, niti da se posveti porodici, on ne može da upravlja sopstvenim poslom, nije u stanju da duže vremena živi na jednom mestu, da se posveti jednoj profesiji ili karijeri, da završi akademske studije ili da akumulira materijalno bogatstvo.

Narcisi su često opisani kao nezainteresovani, nestabilni, nepouzdani, nesposobni i nespremni da preuzmu dugoročne obaveze i odgovornosti, da zadrže posao ili slede karijerni put. Njihov život obeležavaju isprekidane, epizodične karijere, veze, brakovi i prebivališta. Oni su nestalni, nepredvidivi, prilagodljivi i prolazni.

Do sada smo dodirnuli manje zloćudne dimenzije narcizma. Međutim, postoji i mračnija strana.

Narcis pati od niskog nivoa samopouzdanja. U javnosti se predstavlja kao pobednik. No, duboko u sebi, on sebe doživljava kao bezvrednog gubitnika, kao trajni, nepopravljivi promašaj. Zbog toga, on sebe mrzi i svima oko sebe neprestano zavidi – iz najrazličitijih razloga.

Njegovo nezadovoljstvo se često preobražava u depresiju. Nesposoban da voli sebe, narcis nije sposoban da voli ni drugog. Ljude doživljava i tretira kao predmete – koristi ih i odbacuje. Zlostavlja ljude oko sebe time što neprestano ističe svoju nadmoć; emocionalno je hladan ili odsutan; stalno zameće svađe, verbalno ponižava, neprekidno i najčešće neopravdano kritikuje; aktivno odbacuje ili ignoriše druge, izazivajući kod njih osećaj nesigurnosti.

Međuljudski odnosi u kojima se narcis nalazi jesu iskrivljeni i bolesni. Što veza duže traje, to je više prožeta patološkim narcizmom. U braku, narcis obnavlja sukobe koje je imao sa svojim primarnim objektima (roditeljima ili starateljima). On je nezreo u svim aspektima života, pa i u seksualnosti. Često bira pogrešne partnere ili bračne drugove. Nesvesno čini sve da izazove ono čega se najviše plaši – napuštanje. Čak i njegovi najodaniji partneri i obožavaoci, na kraju ga ostavljaju.

Nakon takvog napuštanja, narcis doživljava zastrašujući i potpuni slom svojih odbrambenih mehanizama. On se oseća usamljeno, ali njegova usamljenost ima egzistencijalnu, gotovo solipsističku dimenziju. Ceo svet mu se čini nestvarnim, poput noćne more. On ili oseća nesrazmerno veliku krivicu i preuzima na sebe sav teret odgovornosti, ne pripisujući partneru ni najmanji deo, ili pak sve svaljuje na partnera, potpuno negirajući sopstvenu odgovornost.

Ovakvi krizni trenuci, za narcisa mogu biti jedini put da stupi u kontakt sa svojim emocijama – sa onim iskustvom od kojeg je čitavog života bežao, po cenu sopstvenog mentalnog zdravlja. Suočen s istinom o svojoj emocionalnoj nemoći, narcis često razmišlja o samoubistvu.

Ali, ubrzo se oporavlja i beži u novu psihoseksualnu vezu. Pojavljuje se nova igračka, novi predmet zadovoljstva. Njegove emocionalne rane su plitke i brzo zarastaju. Jedino što ostaje povređeno jeste njegov ego – senka prošlosti koju narcis potiskuje.

Zbog otuđenosti od sopstvenog bića, narcis često potpuno zanemaruje svoje telo – ili ga, pak, obožava i idealizuje. Cerebralni narcis može biti sklon pušenju, zloupotrebi droga, nezdravoj ishrani i sedentarnom načinu života. Iako često fizički neaktivan i narušenog zdravlja, medicinskoj pomoći pribegava tek kada mu ne preostaje drugi izbor.

S druge strane, somatski narcis obožava sopstveno telo, neguje ga poput retkog cveta, hrani posebnom ishranom i izbegava svaki oblik telesnog samozanemarivanja. U stanju je da sate provodi pred ogledalom, nanoseći bezbrojne losione, kreme i lekove na svoj „sveti pokrov“. On je često i hipohondar.

Narcis uvek daje prednost svojoj slici nad svojim pravim bićem. On neprestano, i uvek iznova stvara sebe, lažući kada je to potrebno, čak verujući u sopstvene laži kada mu to ide u prilog. Kako bi održao taj privid, pribegava hroničnim, patološkim iskrivljavanjima istine i neistinama (*pseudologica fantastica*).

Narcis pokušava da tu lažnu sliku učini opsesivno stvarnom, teži slavi, želi da postane poznata ličnost. Ali, kao i svi njegovi opsesivno-kompulzivni postupci, ni ovo mu ne donosi dugotrajnu sreću niti ublažava njegovu teskobu. Kada god se nađe pred izborom, narcis uvek daje prednost svom izmišljenom ja u odnosu na ono pravo.

Na primer, on se više trudi da skrene pažnju na plodove svoje umišljene biografije nego na stvarnu životnu priču.

Narcisoidna ličnost se upliće u niz samorazarajućeg i nesmotrenog ponašanja. On, na primer može da se upusti u kockanje ili kompulzivnu kupovinu, gubeći svaki put i bez prestanka sve što poseduje. To je jedna sasvim ironična situacija, upravo ovo ga dovodi u stanje ekonomske nesigurnosti – momenat koji najviše prezire i od kojeg se najviše pribojava.

Ovakvi oblici ponašanja – patološko kockanje, kompulzivna kupovina (šopingholizam), nepromišljena vožnja, zloupotreba psihoaktivnih supstanci – izazivaju znatnu ličnu i finansijsku nestabilnost. Čini se, kao da je narcis uvek u dugovima i pod stresom, bez obzira na to koliko zarađuje. Ovu situaciju često dodatno pogoršavaju česte promene zanimanja i nemogućnost uspostavljanja stabilne karijere. Ipak, neki narcisi su na vrhu svoje profesije i ostvaruju prihode primerene takvom statusu.

Novac nije jedini izvor narcisovih opsesija. Mnogi narcisi su preterano uredni i čisti, neki su zavisni od sticanja znanja, dok su drugi opsednuti vremenom. Pojedini pate od kompulzivnih tikova i složenijih ritualnih pokreta. Neki od njih, mogu čak da razviju kriminalnu opsesivnost – poput kleptomanije.

Narcisi su vrlo zavodljivi i umeju da obmanjuju. Oni nesporno poseduju lični šarm i najčešće, briljantan um. Pomenute osobine, drugi ljudi često povezuju sa zrelošću, autoritetom i odgovornošću. Međutim, kada su narcisi u pitanju, takva asocijacija predstavlja ozbiljnu zabludu.

Dorijani Greji ovoga sveta su večiti putnici, večita deca (*Puer Aeternus*, Petar Pan), nezreli, pa čak i infantilni, neodgovorni, moralno nedosledni – a u nekim oblastima života i potpuno lišeni moralne svesti. Narcisi aktivno podstiču druge da od njih očekuju velika dela – samo da bi ih potom razočarali i frustrirali. Nedostaju im mnoge veštine odraslih i zato se obično oslanjaju na okolinu kako bi nadomestili svoje nedostatke.

Narcis je uveren da je njegovo pravo da ga drugi slušaju, udovoljavaju njegovim potrebama i ispunjavaju njegove želje – sasvim prirodno i neupitno. On se ponekad izoluje od društva, zračeći superiornošću, ispoljavajući prezir ili zauzimajući pokroviteljski stav. Ponekad pak, on verbalno napada one koji su mu najbliži. Ipak, narcis u svim okolnostima očekuje apsolutnu vernost, lojalnost i pokornost.

Zloupotreba može poprimiti različite oblike, osim onih najpoznatijih: finansijsku, seksualnu, verbalnu, emocionalnu, psihološku i fizičku (uključujući nasilje i napad). Neki narcisi su proizvod nedostatka ili nepostojanosti roditeljske ljubavi, dok su drugi tužan ishod preterane, nametnute „ljubavi".

Prisiljavanje deteta na aktivnosti odraslih, jedan je od najsuptilnijih oblika uništavanja duše. Neretko, mi jasno vidimo da je narcis uskraćen za detinjstvo. Pomislimo samo na nadareno dete, na vunderkinda – dete koje je puki odgovor na molitve svoje majke i melem za njene frustracije, humani računar, hodajuću enciklopediju, kuriozitet, cirkusku atrakciju, laboratorijskog pacova razvojnih psihologa. Toliko često je intervjuisan u medijima, da trpi zavist svojih vršnjaka i njihovih ambicioznih majki.

Ovakva narcisoidna ličnost neprestano dolazi u sukob s autoritetima, jer veruje da ima pravo na poseban tretman, da je iznad zakona, da mu je suđeno da postigne veličinu i da je, samim tim, suštinski superioran.

Narcis vunderkind odbija da odraste. U njegovom umu, doživljaj najnežnijeg uzrasta života je bio neodvojivi deo čuda preterane, rane zrelosti koju je jednom ipak živeo. Čovek deluje manje fascinantno, a njegovi podvizi i dostignuća u znatno manjoj meri izazivaju divljenje sa 40 nego sa 4 godine života. Zato je bolje ostati večno mlad i tako obezbediti neprekidni tok narcističkog snabdevanja.

Tako, narcisoidna ličnost odbacuje sve veštine i obaveze odrasle osobe: nikada ne polaže vozački ispit, nema decu, retko stupa u seksualne odnose, nikada se ne nastanjuje trajno na jednom mestu, odbija bliskost. Jednom rečju, on se odriče odraslog životnog doba. Budući da ne poseduje veštine odrasle osobe, ne preuzima ni njene odgovornosti. Očekuje popustljivost od strane drugih. On je razdražljiv i oholo razmažen. Hirovit je, infantilan, emotivno nestabilan i nezreo. Narcisoidna osoba je najčešće jedno četrdesetogodišnje derište.

Narcisi prilično pate od kompleksa ponavljanja. Poput određenih mitoloških likova, osuđeni su da ponavljaju sopstvene greške i neuspehe, kao i pogrešna ponašanja koja su do njih dovela. Izbegavaju planiranje i svet u kojem žive doživljavaju kao pretnju – nepredvidivo, nepouzdano i neprijateljsko mesto, ili u najboljem slučaju, kao dosadnu smetnju.

Ovakav stav ih vodi do samouništenja. Narcisi se upuštaju u svesne i nesvesne činove nasilja i agresije kojima sebi ograničavaju izbore, postignuća i potencijale. Psihopatski narcisi najčešće završe kao kriminalci.

Njihova kriminalnost obično ispunjava dva uslova:

1. Ona podstiče njihov ego. Krivično delo mora biti – ili se barem mora doživljavati kao – sofisticirano, mora da zahteva posebne sposobnosti ili talente, da bude neverovatno, nezaboravno, bez presedana, posebno. Postoje velike šanse da narcis bude umešan u „kriminal belih okovratnika“. On koristi svoj liderski šarm, ličnu privlačnost i prirodnu inteligenciju da obavi „posao“.
2. Kriminalni čin sadrži pobunjenički i prkosni element. Narcis, u suštini, ponovo proživljava odnos koji je imao sa roditeljima. On odbacuje autoritet, kao što to čine adolescenti. Svaki oblik narušavanja njegove privatnosti i autonomije – ma koliko bio opravdan i nužan – doživljava kao direktnu i potpunu pretnju njegovog psihičkog integriteta. On često, čak i najobičnije gestove, rečenice, uzvike ili ponude tumači kao napade na sebe.

Kada je reč o narušavanju njegove blistave izolovanosti, narcis postaje paranoičan. Reaguje nesrazmernom agresijom, zbog čega ga okolina doživljava kao opasnog, „nepredvidivog", ili u najmanju ruku, kao neobičnog i ekscentričnog.

Svaku ponuđenu pomoć narcis odmah tumači kao nagoveštaj da on nije sveznajući i svemoćan. Na takvu drskost reaguje besom i zato retko traži pomoć – osim ako nije u krajnje kritičnoj situaciji.

Narcis može satima da luta ulicama u očajničkoj potrazi za nekom adresom, pre nego što nevoljno prizna sopstvenu inferiornost i upita prolaznike za konkretne smernice. On će radije da trpi fizički bol, glad i strah nego što će da zatraži pomoć. Sam čin pružanja pomoći, za njega je dokaz superiornosti, a potreba za primanjem pomoći – žalosna potvrda inferiornosti i slabosti.

Upravo zbog toga, narcisi ponekad deluju kao izuzetni altruisti: oni uživaju u osećaju moći koji im pruža darivanje; osećaju se superiorno kada su potrebni drugima; podstiču zavisnost u svakom obliku. Oni ponekad intuitivno znaju da je pomoć najmoćniji opijat koji postoji, jer oslanjati na nekog pouzdanog, ubrzo postaje neophodna navika.

Njihov egzibicionistički i „svetački" altruizam, zapravo prikriva žudnju za divljenjem i pohvalama, kao i sklonost ka igranju uloge Boga. Pretvaraju se da ih zanima isključivo dobrobit onih kojima nesebično daju, ali to je očigledna neistina. Velikodušnost narcisa uvek je uslovljena. On daje isključivo – ako i kada – zauzvrat dobije obožavanje i pažnju.

Ako ne dobije aplauz ili pohvale od onih koji su primili njegovu milostinju, narcis besni, gubi interesovanje ili sebe ubeđuje da je, u stvari, ipak obožavan. U većini slučajeva, narcisi više vole da ih se ljudi plaše ili da im se dive nego da ih vole. Sebe opisuju kao „jake, odlučne" ličnosti, sposobne da se uspešno izbore sa velikim gubicima i porazima, kao i da se oporave. Očekuju da ljudi poštuju ovu sliku koju oni projektuju.

Tako su oni, kojima narcis ukazuje milost, zapravo samo nemi svedoci njegove grandioznosti i velikodušnosti, publika u njegovoj monodramskoj predstavi dobročinstva. On je nečovečan u svojoj navodnoj samodovoljnosti – i natčovečan u obilju i bezuslovnosti, kojima nesebično deli svoje bogatstvo ili talente. Narcisova bolest se odražava čak i kroz njegovo darivanje.

Ipak, narcis je skloniji davanju onoga što smatra najvećim darom od svih – samog sebe. Dok drugi altruisti doniraju novac, on pruža svoje vreme i znanje. Želi da bude u direktnom kontaktu sa onima kojima pomaže, kako bi odmah osetio narcisoidno zadovoljstvo zbog svojih napora.

Kada se narcis uključi u volonterske aktivnosti, često ga slave kao stub zajednice, kao simbol ispravnog građanskog ponašanja i društvene odgovornosti. Tako može da glumata, osvaja aplauze i da stiče narcističko snabdevanje uz punu društvenu legitimnost.

PETO POGLAVLJE

Mučeno Ja: narcisov unutrašnji svet

Narcisovo ponašanje svedoči o dubokoj patologiji koja leži u srži njegove psihe i koja deformiše skoro sve njegove mentalne procese. Stalno prisutna disfunkcija prožima sve slojeve njegovog uma i sve njegove odnose – kako s drugima, tako i sa samim sobom.

Šta pokreće narcisa? Kakvo je njegovo skriveno psihodinamičko okruženje?

To je teren koji ljubomorno čuvaju odbrambeni mehanizmi, stari koliko i sam narcis. Više nego svima drugima, pristup ovom prostoru uskraćen je i samom narcisu. Ipak, da bi se iscelio – makar u najmanjoj meri – taj pristup mu je najpotrebniji.

Narcise su odgojili drugi narcisi. Da bi neko mogao druge ljude da posmatra kao objekte, najpre on sam mora da bude tretiran kao takav. Da bi neko postao narcis, on mora da oseti da je i sam, tek instrument kojim se zadovoljavaju potrebe značajne (možda najznačajnije) osobe u njegovom životu. On mora da poveruje kako je jedini pouzdan, bezuslovan i potpun izvor ljubavi – upravo on sam. Na taj način, on gubi veru u postojanje ili dostupnost drugih izvora emocionalnog ispunjenja.

To je nesrećno stanje do kojeg narcis dolazi kroz dugi niz godina poricanja sopstvenih osobenosti i ograničenja, životom u nestabilnom ili nepredvidivom okruženju i stalnoj emocionalnoj samodovoljnosti. Narcis – ne usuđujući se da se suoči s nesavršenošću frustrirajuće figure (obično majke) i nesposoban da usmeri agresiju na nju – „odlučuje" da umesto toga, uništi samog sebe.

Narcisoidna osoba, time jednim udarcem samousmerene agresije hvata dve muve: opravdava značajnu figuru i njenu negativnu ocenu o sebi, istovremeno se oslobađajući sopstvene teskobe.

Narcisoidni roditelji imaju štetan uticaj na svoju decu u presudnim godinama ranog detinjstva. Desetogodišnjaci su podložni narcisoidnoj patologiji, ali ne na onaj suptilan i nepovratan način, koji je preduslov za razvoj narcisoidnog poremećaja ličnosti. Adolescent, koji tek dovršava oblikovanje svoje ličnosti, već je izvan najveće opasnosti. Seme patološkog narcizma je posejano znatno ranije.

Često se dešava da je dete izloženo samo jednom narcisoidnom roditelju. Ako ste vi onaj drugi roditelj, najbolje što možete da učinite jeste da budete svoji. Ne sukobljavajte se direktno s narcisoidnim roditeljem niti pokušavajte da ga pobijete. To bi ga moglo pretvoriti u mučenika ili u uzor (posebno u očima buntovnih tinejdžera). Jednostavno im pokažite da postoji i drugačiji put. Izbor koji se donosi u takvom kontekstu, biće ispravan.

Narcisoidne ličnosti se rađaju u porodicama u kojima jedan ili oba roditelja ispoljavaju narcisoidne, depresivne, hipohondrične, opsesivno-kompulzivne, pasivno-agresivne osobine, ili su zavisnici od narkotika i alkohola, odnosno uopšteno mentalno nestabilni. Alternativno, mogu odrastati u haotičnim okolnostima. Delinkventni roditelji nisu jedini izvor lišavanja: rat, bolest, glad, posebno, neprijatan razvod roditelja ili sadistički vršnjaci i modeli ponašanja (na primer, nastavnici) mogu imati podjednako razoran uticaj.

Nije količina uskraćenosti ta koja dovodi do nastanka narcisoidnosti, već njen kvalitet. Ključna pitanja su: da li je dete prihvaćeno i voljeno onakvo kakvo jeste, bezuslovno? Da li je njegov tretman dosledan, predvidiv i pravedan? Hirovito ponašanje, proizvoljne presude, protivrečno usmeravanje i emocionalna odsutnost, stvaraju svet u kojem narcisoidna ličnost raste – svet koji je preteći, neprijateljski nastrojen, nepredvidivo okrutan i opasno surov.

U takvom univerzumu, iskrene emocije su negativno nagrađene. Razvoj pravih osećanja zahteva dugotrajne, ponovljene i bezbedne interakcije. One, pak, podrazumevaju stabilnost, predvidivost i mnogo dobre volje. Kada ovih uslova nema, dete se povlači u svet koji samo stvara, kako bi se bol kojim je okruženo sveo na minimum. To unutrašnje utočište čini spoj dominantnog, racionalnog načina razmišljanja i mnoštva potisnutih, negiranih i nedostupnih emocija.

U stvarnosti, svet koji narcisoidna ličnost izgrađuje nije bez emocija – naprotiv, one njima prožimaju svaki čin, ma koliko on bio mehanički ili uprošćen. Ali te emocije bivaju drugačije označene. Narcisoidna osoba ne gubi sposobnost da oseća, već sposobnost da prepoznaje sopstvene emocije i da postane svesna njihovog postojanja. Drugim rečima, ona je u potpunom rascepu sa svojim osećanjima. U najboljem slučaju, narcisoidna ličnost doživljava emocije u binarnom, plitkom obliku: kao opšti osećaj „dobrog“ nasuprot „lošem“ ili relativnog mira suprotstavljenog uznemirenosti.

Narcisoidna ličnost objektivizuje čak i samu sebe. Ulaže ogromnu psihičku energiju u taj proces transformacije i, kako bi izbegla unutrašnju razarajuću disonancu, oseća ponos zbog svojih dostignuća. Ona se hvali svojim „oštrim, potpuno nepristrasnim, apsolutno objektivnim“ sudom koji je, kako tvrdi, lišen svakog emocionalnog uticaja. Narcisi sebi često nadenu nadimke poput „mozak“ ili „mašina“ i sebe vide kao „čudesni instrument“. Kao da su njihove analitičke sposobnosti stekle sopstveni život i postale štit pred labilnim osećanjima.

Pošto nema dodir sa svojim osećanjima, narcisoidna osoba nije u stanju ni da ih saopšti. Ona negira njihovo postojanje, kao i postojanje ili značaj emocija kod drugih ljudi. Izražavanje osećanja je za nju toliko zastrašujuće, da ih u potpunosti odbacuje, ubeđujući sebe da nije ni sposobna da oseća.

Kada je, ipak primorana da progovori o svojim osećanjima – najčešće usled pretnje njenoj slici o sebi, urušavanja njenog imaginarnog sveta ili mogućnosti da bude napuštena – narcisoidna ličnost koristi udaljen, „objektivan“ jezik. Ovakvu bezosećajnu retoriku koristi i tokom terapijskih seansi, kada se od nje očekuje da direktno pristupi svojim emocijama.

Narcisoidna ličnost čini sve kako ne bi izrazila ono što oseća na direktan i jasan način. Ona generalizuje i upoređuje, analizira i opravdava, koristi „objektivne“ podatke, teoretiše, intelektualizuje, racionalizuje, hipotetiše – radi sve samo da ne prizna sopstvene emocije.

Čak i kada iskreno pokušava da izrazi svoja osećanja, narcisoidna osoba, inače verbalno vešta, počinje da zvuči kao da govori iz stomaka: mehanički, prazno, neuverljivo, ili kao da govori o nekom drugom. Ova „pripovedačka distanca“ je narcisima omiljena . U nastojanju da pomognu onome ko ih ispituje (na primer, terapeutu), oni usvajaju odvojen, „naučni“ stav i o sebi govore u trećem licu jednine.

Neki narcisi idu čak toliko daleko da se upoznaju sa psihološkim žargonom, kako bi zvučali uverljivije (iako malo njih stvarno uloži trud u dubinsko proučavanje psihologije). Još jedan narcisoidni manevar je pretvaranje kao da su „turisti“ u sopstvenom unutrašnjem svetu: ljubazno i blagonaklono zainteresovani za njegovu geografiju i istoriju, ponekad zadivljeni, katkad zabavljeni – ali uvek nepovezani i emocionalno odvojeni.

Sve ovo otežava prodor u neosvojivo: unutrašnji svet narcisa. Čak ni on sam nije u stanju da mu u potpunosti pristupi. Ljudi se oslanjaju na komunikaciju da bi se upoznali i kroz poređenje razvijaju empatiju. Kada komunikacija izostane ili je oskudna, nemoguće je istinski spoznati „ljudskost“ narcisa.

Zato ga drugi često opisuju kao „robota“, „sličnog mašini“, „nehumanog“, „bez emocija“, „androida“, „vampira“, „otuđenog“, „automatizovanog“, „veštačkog“ i slično. Ljudi se osećaju neprijatno zbog njihove emocionalne odsutnosti. Oprezni su u njihovom prisustvu i uvek se drže na oprezu.

Postoji jedan broj narcisa, koji ume vešto da simulira emocije i da lako zavede ljude oko sebe. Ipak, njihova prava priroda izbija na videlo kada izgube interesovanje za nekoga, jer im više ne služi kao izvor narcisoidne (ili neke druge) koristi. Tada prestaju da ulažu energiju u ono što je drugima prirodno – emocionalnu komunikaciju.

U tome leži suština njihove krajnje eksploatativnosti. Do određene mere, svi ljudi koriste jedni druge. Ali narcis zloupotrebljava ljude. Navodi ih da veruju da mu nešto znače, da su mu posebni i dragi, da mu je stalo do njih. Kada otkriju da je sve bila obmana i pozorišna predstava, osećaju se poniženo i razoreno.

Narcisov problem se dodatno pogoršava činjenicom da ga ljudi neprestano napuštaju. To je začarani krug: narcis se otuđuje od ljudi, a oni ga napuštaju. Sve ovo ga dodatno ubeđuje u to da je oduvek bio u pravu kada je tvrdio da su ljudi sebični i da im je sopstveni interes važniji od njegovog blagostanja. Njegovo asocijalno i antisocijalno ponašanje time postaje sve izraženije, što dovodi do još težih emocionalnih raskida sa njegovim najbližima i najdražima.

ŠESTO POGLAVLJE

Emocionalna uključenost
Preventivne mere

Narcisoidna ličnost se najčešće razvija u disfunkcionalnoj porodici, koju karakteriše snažno poricanje – kako unutrašnje („Ti nemaš pravi problem, samo se pretvaraš."), tako i spoljašnje („Ne smeš nikada, nikome da otkrivaš porodične tajne."). Ovaj mehanizam odbrane dovodi do pojave afektivnih poremećaja, poremećaja ličnosti, opsesivno-kompulzivnih poremećaja, hipohondrije i depresije, koje dele svi članovi porodice.

Disfunkcionalne porodice su često povučene i samodovoljne. One aktivno odbacuju i podstiču izbegavanje društvenih kontakata, što neminovno dovodi do nepotpune ili deformisane socijalizacije i diferencijacije, kao i do problema u formiranju seksualnog, rodnog i ličnog identiteta.

Ovakav „monaški" način života, ponekad se proširuje i na širu porodicu. Članovi uže porodice se osećaju emocionalno ili finansijski uskraćeno i ugroženo od strane spoljašnjeg sveta. Na taj osećaj reaguju zavišću, odbacivanjem, samoizolacijom i besom, stvarajući time oblik zajedničke psihoze.

Stalna agresija i nasilje su trajne karakteristike takvih porodica. Zlostavljanje može biti verbalno (omalovažavanje, ponižavanje), psihološko-emocionalno, fizičko ili seksualno.

Trudeći se da racionalizuje i intelektualizuje svoju specifičnu situaciju, disfunkcionalna porodica pridaje značaj nekoj navodnoj arhaičnoj logici koju poseduje. Ona usvaja transakcioni pristup životu i određene osobine (poput inteligencije) vidi kao izraz superiornosti i takmičarske prednosti. Takve porodice podstiču izvrsnost – uglavnom u intelektualnoj i akademskoj sferi – ali samo kao sredstvo za postizanje određenog cilja. Taj cilj je, po pravilu, krajnje narcisoidan (sticati slavu, bogatstvo, itd.).

Pojedini nacisi, odrasli u takvim sredinama, često odgovaraju na ove okolnosti tako što se kreativno povlače u bogat, maštovit unutrašnji svet, u kojem imaju potpunu kontrolu nad svojim okruženjem – kako fizičkim, tako i emocionalnim. Ipak, svi oni svoju libidoznu energiju, koja bi inače trebalo da bude objektno usmerena, preusmeravaju isključivo na svoje ja.

Osnovni izvor svih narcisovih problema jeste njegovo uverenje da svaki ljudski odnos neminovno vodi ka poniženju, izdaji, bolu i napuštanju. Ovaj zaključak je posledica rane indoktrinacije od strane roditelja, vršnjaka ili modela ponašanja.

Štaviše, narcis uvek generalizuje: on veruje da je svaka interakcija, koja sadrži emocionalnu komponentu, osuđena na poraz. Narcis smatra da će se bilo kakva privrženost – bilo mestu, profesiji, poslu, imovini, ideji, inicijativi, poslovnom poduhvatu ili uživanju – završiti jednako loše kao i veza sa drugom osobom.

Otuda on izbegava intimnost, istinska prijateljstva, ljubav, sve vrste emocija, predanost, posvećenost, istrajnost, lojalnost, planiranje, emocionalna ili druga ulaganja, moralnu odgovornost ili savest (jer ona imaju smisla samo ako verujemo u sopstvenu budućnost). Narcis takođe izbegava razvijanje osećaja sigurnosti i doživljavanje zadovoljstva.

Jedino u šta narcis emocionalno ulaže jeste on sam, jer veruje da jedino nad sobom ima potpunu, neograničenu kontrolu.

Ipak, narcis ne može da ignoriše činjenicu da čak i u najosnovnijim aktivnostima neizbežno postoji izvestan emocionalni naboj i zaostali afekat. Da bi se zaštitio od ovih „pretnji“, narcis gradi svoje lažno Ja, grandiozno i fantastično.

Kroz lažno Ja, narcis komunicira sa drugima, dozvoljavajući mu da se „kontaminira“ emocijama u procesu. Tako, lažno Ja deluje kao izolacioni štit, sprečavajući narcisa da bude istinski emotivno pogođen.

Kada čak ni ova strategija ne uspe, narcis pribegava još snažnijem mehanizmu – masci „čuda od deteta“ (*Wunderkind*).

Narcis stvara dve maske, koje mu služe da se sakrije od sveta i da svet natera da udovoljava njegovim potrebama i željama.

Prva maska jeste staro, već istrošeno lažno Ja.

Lažno Ja predstavlja posebnu vrstu ega – on je grandiozan (i u tom smislu, fantastičan), neranjiv, svemoćan, sveznajući, savršen, blistav i „nevezan“. Ovakav ego više voli da bude obožavan ili zastrašen ljubavlju. On saznaje istinu o sebi i svojim granicama kroz odraz u drugima. Neprestane reakcije drugih ljudi (tzv. narcističko snabdevanje) pomažu narcisu da moduliše i usavršava svoje lažno Ja.

Ali, druga maska je podjednako važna. To je maska vunderkinda.

Narcisoidna ličnost, noseći ovu masku, predstavlja svetu sebe istovremeno, kao dete (i time ranjivo, osetljivo i dostojno zaštite odraslih) i kao genija (i time vrednog posebnog tretmana i divljenja).

Ova maska, narcisa iznutra čini manje emotivno ranjivim. Dete ne razume u potpunosti događaje i okolnosti, ne obavezuje se, lagodno korača kroz život i ne mora da se suočava sa emotivno opterećenim problemima ili situacijama poput seksa ili roditeljstva.

Budući da je u svojoj svesti dete, narcis odbija da preuzme odgovornost i razvija osećaj nekažnjivosti i sigurnosti. Niko ne želi da povredi dete ili da ga strogo kazni. Narcis je zato opasan avanturista – poput deteta, on se oseća imunim na posledice svojih postupaka, veruje da su njegove mogućnosti neograničene i da mu je sve dozvoljeno, a da pri tom ne mora da plati odgovarajuću cenu.

Narcis mrzi odrasle i oseća odbojnost prema njima. U svom umu, on je zauvek nevin i dostojan ljubavi. Kao dete, ne oseća potrebu da stekne veštine ili kvalifikacije karakteristične za odrasle. Mnogi narcisi ne završavaju akademske studije, odbijaju da se venčaju, da imaju decu, pa čak i da polože vozački ispit. Oni veruju da bi ljudi trebalo da ih obožavaju takve kakvi jesu i da im udovoljavaju u svemu što sami, kao „deca“, ne mogu sebi da obezbede.

Upravo zbog ove urođene kontradiktornosti – razlike između njegovih mentalnih godina i njegovog znanja i inteligencije – narcis uspeva da održi svoju grandioznu predstavu o sebi! Samo ono dete koje poseduje ovakvu inteligenciju, ovakvu životnu priču i ovakvo znanje ima pravo da se oseća superiorno i grandiozno. Narcis mora da ostane dete kako bi imao racionalno opravdanje za svoj osećaj nadmoći.

Problem je u tome što narcis ove dve maske koristi neselektivno. U njegovom životu postoje situacije u kojima jedna ili obe maske postaju disfunkcionalne, pa čak i štetne po njegovo blagostanje.

Primer: Narcis započinje ljubavnu vezu. U početku koristi svoje lažno Ja kako bi bio siguran da će njegov partner postati sekundarni izvor narcističkog snabdevanja (SNSS) i da bi ga testirao (da li će ga napustiti, poniziti ili izdati kada shvati da je njegova ličnost izgrađena na iluzijama?).

Kada ova faza uspešno prođe, partner je sada potpuno uključen u narcisov život. Ali, ovaj mu ne veruje. Njegovo lažno Ja, nakon što je dobilo SNSS, „nestaje“. Vraća se samo ako se zaliha narcističkog snabdevanja dovede u pitanje.

Maska genijalnog deteta (*Wunderkind*) preuzima svoju ulogu. Njen glavni cilj je da izbegne ili ublaži posledice neminovne emotivne povrede u budućnosti. Maska omogućava neku vrstu emotivnog odnosa, ali u toliko iskrivljenom i narušenom obliku, da ova kombinacija (maska vundrekinda je u prvom planu – lažno Ja u pozadini) zapravo vodi do izdaje i napuštanja narcisa. Nijedna zdrava žena ne želi da deli život sa detetom!

Most koji povezuje ova dva konstrukta – lažno Ja i masku genijalnog deteta – jeste zajednička sklonost ka divljenju, a ne ljubavi.

Drugi primer: Narcis dobija posao u novoj firmi ili ulazi u novu društvenu grupu. U početku koristi svoje lažno Ja da bi osigurao primarni izvor narcističkog snabdevanja (PNSS), pokazujući svoju inteligenciju i posebnost.

Kada prođe ova faza, narcis veruje da je njegova pozicija obezbeđena i da mu je zagarantovan kontinuirani priliv narcističkog snabdevanja i narcističke zalihe. Njegovo lažno Ja je zadovoljeno i povlači se. Vraća se samo ako je zaliha dovedena u opasnost.

Vreme je da se vrati maska vunderkinda. Njena svrha je da narcisu omogući da uspostavi neku vrstu emotivne povezanosti, ali bez straha od neminovne narcisoidne povrede ili traume. Međutim, ova urođena laž i infantilizam izazivaju odbacivanje, urušavanje njegovih društvenih okvira i grupa, kao i napuštanje narcisa od strane prijatelja i kolega.

Da rezimiramo:

Narcis ima posttraumatsku ličnost sa krutim, sadističkim i kažnjavajućim idealnim superegom (SEGO).

Ovo doprinosi slabljenju i kasnijem raspadanju njegovog istinskog Ja (TEGO).

Ista patologija podstiče narcisa da stvori „masku" lažnog Ja (FEGO).

FEGO teži da obezbedi emocionalnu autarkiju (samodovoljnost) i da izbegne neminovne emocionalne povrede.

FEGO preferira obožavanje, pažnju ili čak strah („narcisoidni izvor snabdevanja") umesto zrele, odrasle ljubavne veze.

FEGO je odgovoran za dobijanje primarnog (PNSS) i sekundarnog (SNSS) narcističkog snabdevanja.

Obožavanje se obezbeđuje demonstracijom superiornih kvaliteta: intelekta i znanja u slučaju cerebralnog narcisa – odnosno fizičke i seksualne snage u slučaju njegovog somatskog pandana.

Oba tipa narcisa doživljavaju ljubav i intimnost kao pretnju.

Kada meta, koju je FEGO izabrao, bude uspešno pretvorena u narcistički izvor snabdevanja (NSS) i ne napusti odnos nakon prvih nekoliko susreta, narcis počinje da razvija izvesnu vrstu emocionalne – iako i dalje prolazne – vezanosti i ulaganja u taj objekat.

Međutim, ova vezanost nosi jednu neizbežnu posledicu: zagarantovanu povredu u budućnosti. Narcisov sadistički idealni eu-perego (SEGO) uvek napada objekat i tera ga da napusti narcisa. SEGO ovo čini kako bi kaznio narcisa.

Očekujući ovu bolnu i (potencijalno) egzistencijalno ugrožavajuću fazu, narcis aktivira još jednu masku: masku „čuda od deteta“. Ova maska omogućava prodor emocija u narcističku tvrđavu, ali uz istovremeno održavanje neosvojivih i uspešnih odbrambenih mehanizama protiv emocionalnih povreda.

Međutim, kada se kombinuju, ove maske stvaraju upravo one konflikte koje je trebalo da spreče, upravo one gubitke koje je trebalo da izbegnu, upravo onu disforiju koju je trebalo da eliminišu.

Njihovo zajedničko delovanje vodi ka potrebi za ponovnom alokacijom libida u FEGO, kako bi se dobilo novo primarno i sekundarno narcističko snabdevanje – i tako ciklus počinje iznova.

Mentalna mapa #2

SEGO (idealizovan, sadistički, snažan, kažnjavajući, napadno agresivan) u interakciji sa hiperkonstruktom, čija jedna od komponenata je TEGO (u suštini dete).

SEGO stupa u interakciju sa TEGO prenoseći na njega sopstvenu agresiju, a usvajajući od njega opsesivno-kompulzivne obrasce ponašanja.

SEGO koristi EIPM (emocionalni intelektualni model) kao mehanizam za sprovođenje kazne putem gubitaka i patnje.

Druga komponenta hiperkonstrukta je FEGO.

FEGO koristi intelekt i širok spektar odbrambenih mehanizama.

FEGO usvaja libido iz ID-a (druge komponente hiperkonstrukta).

FEGO takođe preuzima nagone iz ID-a.

FEGO prenosi PNSS i SNSS na *objekte* (partnera, supružnika, poslovno okruženje, novac, prijatelje, društveni kontekst itd).

FEGO usvaja gubitke, nepovređen od strane *objekata* (bol je neutralizovan samim činom iniciranja ovih gubitaka i napuštanja).

FEGO („Čudo") i TEGO („Dečak") formiraju „Čudo od dečaka" – Masku.

Maska vunderkinda služi kao štit od bola koji SEGO izaziva usled gubitaka i napuštanja.

Kada se PNSS/SNSS izgube, FEGO prolazi kroz disforiju gubitka i disforiju deficita.

FEGO aktivira reaktivni repertoar kako bi izbegao patnju.

Libido se preusmerava ka FEGO, podstičući potragu za novim PNSS i SNSS.

Ali, šta se dešava ako NSS (supružnik, radno okruženje) zahteva smisaonu emocionalnu povezanost (npr. ako supružnik zahteva ljubav i veću intimnost)?

Drugim rečima, šta se dešava ako neko pokuša da probije masku i otkrije šta se – ili ko se – krije iza nje? Šta se tada događa sa čarobnjakom iz narcisoidnog Oza?

U ovoj fazi, vunderkindova maska je već aktivna. Ona narcisu omogućava da prima, a da pri tom ne daje, niti emocionalno ulaže. Ali, ako je maska izložena intenzivnim emocionalnim zahtevima iz okruženja, ona prestaje da funkcioniše. Ona se polarizuje – s jedne strane u savršeno bespomoćno, uplašeno dete, a s druge u savršenu, mehanički preciznu genijalnost sa defektnim testiranjem na realnost. Slabljenje maske dovodi do direktnog kontakta između SEGO-a i objekta (npr. narcisovog supružnika). Objekat je sada izložen transformacijama agresije.

Objekat je zbunjen naglom i naizgled neobjašnjivom promenom u raspoloženju i ponašanju narcisa. U početku pokušava da izdrži oluju, nadajući se da je to prolazna faza. Ali tek kada agresija zatraje, objekat napušta narcisa, izazivajući time tešku narcisoidnu povredu i primoravajući ga na bolno prilagođavanje novoj situaciji u kojoj je lišen svojih SNSS.

Objekat beži od SEGO-a. Narcis ostaje preplavljen zavišću jer objekat može da pobegne od čudovišta koje vreba u njemu.

Kada maske padnu, to vodi do potpunog emocionalnog angažmana, agresije poreklom iz SEGO-a i neizbežnog napuštanja, što dovodi do snažne narcisoidne povrede, koja može i da ugrozi život narcisa.

Još jedna važna pouka koju nam ovaj model pruža jeste način na koji se odnos narcisa prema objektima menja kada oseti slabljenje primarnog sistema narcističkog snabdevanja (PNSS). U takvim trenucima, on počinje u sve većoj meri da se oslanja na prethodno akumuliranu narcističku zalihu iz sekundarnog sistema narcističkog snabdevanja (SNSS). On iznova oživljava i reciklira svedočanstva o svojim postignućima i slavnim trenucima, pohranjena u memoriji SNSS-a, sve dok ona ne izgube svežinu i značaj.

Kako novi izvor snabdevanja postepeno presušuje zbog slabljenja PNSS-a, narcistički rezervoar ostaje nepopunjen i vremenom postaje otrovan i beskoristan. Posledično, FEGO biva oslabljeno i nedovoljno „hranjeno“. Njegova rastuća nemoć omogućava direktan kontakt SEGO-a sa objektima, što izaziva iste posledice kao i ranije. Samo što se ovog puta agresija SEGO-a usmerava i na transakcioni ego (TEGO).

SEGO i hiperkonstrukt (koji čine TEGO, FEGO, ID i maska vunderkinda) neprestano su u iscrpljujućem sukobu prilikom pristupa objektima. Hiperkonstrukt stiče prednost onda kada je FEGO ojačano narcističkim snabdevanjem iz raznovrsnih PNSS i SNSS izvora.

Međutim, kada SEGO trijumfuje, nastaje duboka emocionalna povezanost, što izaziva anksioznost usled predosećaja budućih SEGO sadističkih postupaka. Kao odgovor na ovo, narcis počinje da se prepušta kompulzivnim radnjama, kako bi kanalisao i neutralisao svoju uznemirenost. SEGO, zatim usmerava agresiju (i njene transformacije) na objekte, koji mu uzvraćaju i time ga povređuju. Na kraju, objekti – povređeni i razočarani – ili napuštaju narcisa, ili zajednički okvir (poput poslovnog okruženja, radnog mesta, porodične zajednice), ili se u tolikoj meri menjaju, da to u suštini predstavlja emotivno napuštanje.

FEGO tada trpi duboku i potencijalno opasnu narcističku povredu.

Da bi izbegao emocionalne posledice moguće pobede SEGO-a, hiperkonstrukt aktivira niz mehanizama, stavova i obrazaca ponašanja, koji imaju za cilj da pomognu narcisu u „održavanju emocionalne distance" i zaštiti od emotivnog bola. Vunderkindova maska dovodi do primetne infantilizacije narcisa i postepenog gubitka njegove veze sa realnošću. Zbog toga, kada ga objekti konačno napuste, narcistička povreda postaje nešto podnošljivija.

Međutim, sukob je duboko ukorenjen u narcisovoj ličnosti.

SEGO mrzi narcisa i želi da ga uništi. On zato želi da narcis ostvari snažnu emocionalnu vezu, a zatim iskusi SEGO-om prouzrokovano napuštanje. Spoljašnje transformacije agresije SEGO-a su najdelotvornije upravo kada je narcis emotivno angažovan i krajnje osetljiv na izdaju. Zbog toga je SEGO-va kazna još bolnija i njena razorna snaga je potencijalno životno ugrožavajuća.

U najdubljim slojevima svoje psihe, SEGO „veruje" da narcis ne zaslužuje da živi. Agresija koju narcis transformiše i pohranjuje u sebi ima smrtonosne razmere. U detinjstvu je narcis želeo smrt najsvetijih figura u svom životu i zato veruje da zaslužuje najvišu kaznu za taj svetogrdan čin. SEGO je stalni podsetnik na tu „krivicu" i samim tim, narcisov egzekutor.

Narcis je formirao hiperkonstrukt u veoma ranoj životnoj fazi, upravo kao odbranu od ovakvog samodestruktivnog poriva. Iako samoprezir ne može u potpunosti da se iskoreni, on barem može da bude ublažen i mogu da se spreče njegove potencijalno fatalne posledice.

Hiperkonstrukt štiti narcisa od emocionalnog sloma, odnosno od toga da posledice neminovne izdaje i napuštanja postanu nepodnošljive. On to postiže stvaranjem distance između narcisa i njegovih objekata, tako da, kada dođe do predviđenog napuštanja, ono bude manje razorno. Njegova uloga je da odbije mogućnost emocionalne uključenosti, kako bi predupredio potencijalno opasne reakcije na gubitak objekta.

Međutim, kada hiperkontrukt oslabi (usled upornosti nekog objekta da ostvari emocionalnu bliskost), kada je njegova pažnja skrenuta (zbog toga što je veći deo libida usmeren na traženje PNSS-a), ili kada se rezervoar PNSS-a iscrpi, dolazi do emocionalne uključenosti. U isto vreme, transformisana agresija se preusmerava ka objektu, a njeni koreni mogu da se prate sve do SEGO-a.

Sudbina narcisovih odnosa je unapred određena. Pojavljuje se obrazac ponašanja „emocionalna uključenost – agresija“, koji uvek dovodi do napuštanja. U ovoj trijadi (emocionalna uključenost, napuštanje, agresija) moguće je regulisati samo prva dva elementa. Narcis može izabrati da sam inicira čin napuštanja, kako bi ga unapred preduhitrio, ili može odlučiti da se bori protiv emocionalne uključenosti, čime sprečava pojavu agresije.

Hiperkonstrukt to postiže korišćenjem niza vešto osmišljenih *Preventivnih mera protiv emocionalne uključenosti* (EIPM).

Preventivne mere protiv emocionalne uključenosti

Ličnost i ponašanje

Nedostatak entuzijazma, anhedonija i stalna dosada

Želja za promenom, za „slobodom“, za prelaskom s jedne teme ili objekta na drugi

Lenjost, hronični umor

Disforija koja može preći u depresiju, što vodi ka povlačenju, otuđenosti i slabljenju energije

Potiskivanje afekta i ujednačenost emocionalnih „nijansi“

Samomržnja koja onemogućava sposobnost za ljubav i emocionalnu povezanost

Spoljašnje transformacije agresije:

Zavist, bes, cinizam, vulgarna iskrenost, crni humor (sve ovo dovodi do gubitka intimnosti, distanciranja i patološke emocionalne i seksualne komunikacije)

Narcisoidni kompenzacioni i odbrambeni mehanizmi:

Grandioznost i grandiozne fantazije

(Osećaj) posebnosti

Nedostatak empatije, funkcionalna empatija ili posrednička empatija

Zahtev za obožavanjem i divljenjem

Osećaj da mu sve pripada („pravo“)

Eksploatacija objekata

Objektivizacija/simbolizacija (apstrakcija) i fikcionalizacija objekata.

Manipulativno ponašanje (korišćenje ličnog šarma, sposobnosti psihološkog prodora u objekat, nemilosrdnosti i informacija dobijenih interakcijom s objektom)

Intelektualizacija kroz generalizaciju, diferencijaciju i kategorizaciju objekata

Osećaji svemoći i sveznanja

Perfekcionizam i prikrivena anksioznost u vezi sa postignućima

Ovi mehanizmi dovode do emocionalne supstitucije (obožavanje i divljenje umesto ljubavi), distanciranja i odbacivanja objekata, gubitka intimnosti (nemogućnost odnosa sa „realnim“ narcisom).

Posledice:

Narcisoidna ranjivost na narcističku povredu (podnošljivija od emocionalne ranjivosti i lakše se prevazilazi)

Regresija u dečje stanje i infantilizam (unutrašnji monolog narcisa: „Niko neće moći da me povredi“, „Ja sam dete i voljen sam bezuslovno, bezrezervno, neosuđujuće i nesebično“)

Odrasli ne očekuju takvu bezuslovnu ljubav i prihvatanje, što predstavlja prepreku zrelim, odraslim odnosima

Intenzivno negiranje stvarnosti (drugi ga doživljavaju kao naivnost, nedužnost ili pseudo-glupost)

Stalni nedostatak samopouzdanja u situacijama koje nisu u potpunosti pod kontrolom dovodi do neprijateljstva prema objektima i emocijama.

Kompulzivna ponašanja usmerena su na neutralizaciju visokog nivoa anksioznosti i na opsesivno traganje za zamenama za ljubav (novac, prestiž, moć).

Instinkti i nagoni

Cerebralni narcis

Seksualna apstinencija i niska učestalost seksualnih aktivnosti smanjuju stepen emocionalnog angažmana.

Frustracija emocionalnih objekata izbegavanjem seksualnih odnosa podstiče napuštanje od strane objekta.

Seksualna deintimizacija kroz preferiranje autoerotske, anonimne seksualnosti sa nezrelim ili nekompatibilnim objektima (koji ne predstavljaju emocionalnu pretnju niti postavljaju zahteve).

Sporadični seksualni odnosi sa dugim pauzama i drastične promene u seksualnim obrascima.

Disocijacija centara zadovoljstva:

Izbegavanje uživanja (osim „u ime i za račun“ objekta).

Uzdržavanje od roditeljstva i formiranja porodice.

Korišćenje objekta kao „alibija“ za izbegavanje novih seksualnih i emocionalnih veza, ekstremna bračna i monogamna vernost do nivoa ignorisanja svih drugih objekata, što dovodi do inercije objekta.

Ovaj mehanizam štiti narcisa od potrebe za uspostavljanjem kontakta sa drugim objektima. Seksualna frigidnost u odnosu na značajnog partnera i seksualna apstinencija u odnosu na druge osobe.

Somatski narcis

Somatski narcis tretira druge kao seksualne objekte, seksualne robove ili pomagala za masturbaciju.

Visoka učestalost emotivno praznog seksa, bez intimnosti i topline.

Objektni odnosi

Manipulativni stavovi, koji u kombinaciji sa osećanjem svemoći i sveznanja stvaraju auru nepogrešivosti i imuniteta.

Delimična sposobnost testiranja realnosti.

Društvene frikcije dovode do društvenih sankcija (čak i do zatvora).

Izbegavanje intimnosti.

Odsustvo emocionalne prisutnosti i ulaganja.

Izolovan život, izbegavanje komšija, porodice (i uže i šire), bračnog partnera i prijatelja.

Narcisi često ispoljavaju šizoidne karakteristike.

Aktivna mizoginija (mržnja prema ženama) sa sadističkim i antisocijalnim elementima.

Narcisoidna zavisnost kao zamena za emocionalnu povezanost.

Nezrela emocionalna zavisnost i navika.

Zamenjivost objekata (zavisnost od *bilo kog* objekta, ali ne od određenog).

Ograničenje kontakta sa objektima na materijalne i „hladne“ transakcije.

Narcis preferira strah, divljenje, obožavanje i narcističku akumulaciju umesto ljubavi.

Za narcisa, objekti ne postoje samostalno, osim kao primarni (PNSS) i sekundarni izvori (SNSS) narcističkog snabdevanja.

Znanje i inteligencija služe kao mehanizmi kontrole i izvori obožavanja i pažnje (narcističkog snabdevanja).

Objekat se koristi za ponovno proživljavanje ranih životnih konflikata:

Narcis sebe doživljava kao lošeg i traži da bude ponovo kažnjen, čime dobija potvrdu da su ljudi ljuti na njega.

Objekat se drži na emocionalnoj distanci kroz zastrašivanje i kontinuirano testiranje, pri čemu narcis otkriva svoje negativne osobine.

Negativna, odbojna ponašanja služe kao test: da li će narcisova posebnost nadjačati i poništiti njegove nedostatke u percepciji objekta?

Objekat doživljava emocionalno odsustvo, odbojnost, zastrašivanje i nesigurnost.

Ovaj proces sprečava razvoj emocionalne povezanosti s narcisom (jer ona zahteva pozitivan emocionalni fidbek).

Odnos s narcisom je energetski iscrpljujuć, ispunjen turbulencijama, a praćen osećajem olakšanja nakon „erupcija“.

Narcis je nametljiv, intruzivan, opsesivan i despotski nastrojen.

Realnost je interpretirana kognitivno, tako da ističe negativne aspekte objekta, stvarne ili izmišljene.

Ovo održava emocionalnu distancu, podstiče nesigurnost, sprečava emocionalnu povezanost i aktivira narcističke mehanizme (poput grandioznosti), što dodatno pojačava odbojnost i averziju partnera.

Narcis tvrdi da je objekat izabrao greškom, zbog okolnosti, patologije, gubitka kontrole, nezrelosti ili delimičnih/pogrešnih informacija.

Funkcionisanje i performans

Promena fokusa ka grandioznosti:

Narcis preferira ulaganje u grandiozne karijerne fantazije, gde ne mora da se suočava sa praktičnim, rigoroznim i doslednim zahtevima.

On izbegava uspeh, jer bi on zahtevao emocionalno ulaganje i angažovanje.

Izbegava uspeh jer ga on obavezuje da sledi i da se identifikuje sa nekim ciljem ili grupom.

On ističe oblasti delovanja u čemu je malo verovatno da će uspeti.

Narcis ne planira budućnost i nikada se ne obavezuje.

U rad ulaže samo minimum, potreban za održavanje pozicije.

Izbegava odgovornost i prenosi je na druge, uz slab stepen kontrole.

Njegove odluke su krute, on predstavlja sebe kao čoveka „principa“, ali se oni svode na njegove hirove i raspoloženja.

Narcis reaguje veoma sporo na promenjivo okruženje (promena je bolna).

On je pesimista, zna da će izgubiti posao – pa se stalno bavi traženjem alternativa i konstruisanja verodostojnih alibija.

Ovo mu pruža osećaj privremenosti, koji sprečava angažovanje, uključenost, posvećenost, identifikaciju i emocionalnu povredu u slučaju promene ili neuspeha.

Alternativa supružniku ili saputniku:

Samački život (sa snažnim naglaskom na PNSS) ili često menjanje partnera.

Narcisoidna ličnost se često upušta u serijske profesionalne angažmane, što joj onemogućava jasan karijerni put i ukida potrebu za istrajnošću.

Sve inicijative koje narcisoidna osoba preduzima su egocentrične, sporadične i diskontinuirane – usredsređene su na jednu njegovu veštinu ili osobinu, ali su nasumično raspoređene u prostoru i vremenu, bez dosledne teme ili kontinuiteta. One nisu usmerene ka određenom cilju ili objektivnom postignuću.

Ponekad, praveći zamenu, narcisoidna ličnost se upušta u promenu performansa:

Osmišljava imaginarne, izmišljene ciljeve, koji nemaju nikakvu vezu sa stvarnošću i njenim ograničenjima.

Kako bi izbegla suočavanje sa stvarnim testovima sposobnosti i očuvala sopstvenu grandioznost i posebnost, narcisoidna osoba odbija da stekne određene veštine i obrazovanje (na primer, vozačku dozvolu, tehničke sposobnosti ili bilo koje sistematsko – akademsko ili neakademsko – znanje).

Na taj način, „dete“ u narcisu ostaje netaknuto, jer izbegava aktivnosti i odgovornosti svojstvene odraslom dobu.

Jaz između slike koju narcis projektuje (harizma, navodno izuzetno znanje, grandiozne fantazije) i njegovih stvarnih dostignuća, rađa u njemu trajan osećaj da je prevarant, lažnjak, da njegov život nije stvarnost, već je nalik filmu – što dovodi do osećaja derealizacije i depersonalizacije.

Ovo pak, podstiče uznemirujući osećaj nadolazeće pretnje, ali istovremeno i kompenzacione tvrdnje o sopstvenoj nedodirljivosti i svemoći.

Narcis je prinuđen da postane manipulator.

Okolina i životni prostor

Osećaj nepripadanja i otuđenosti.

Neudobnost u sopstvenom telu – telo se doživljava kao depersonalizovano, strano i nepotrebno; njegove potrebe su u potpunosti zanemarene, signali koje ono šalje se preusmeravaju i pogrešno tumače, a njegovo održavanje se zapostavlja. Narcis drži distancu od zajednica kojima prirodno pripada (komšiluka, sunarodnika, svoje verske zajednice).

On se odriče svoje religije, etničkog porekla, prijatelja.

Često usvaja ulogu „naučnika-posmatrača“ – što predstavlja narcisoidno otuđenje: osećaj da je on reditelj ili glumac u filmu o sopstvenom životu.

Narcis izbegava „emotivne oslonce“: fotografije, muziku povezanu sa određenim periodom života, poznata mesta, ljude koje je nekada poznavao, uspomene i emotivne situacije.

Narcis živi kao da je u pozajmljenom vremenu, u životu koji mu ne pripada.

Svako mesto i svaka životna etapa su prolazni i vode ka sledećoj, nepoznatoj sredini.

Narcis živi sa stalnim osećajem da mu je kraj blizu.

On stanuje u iznajmljenim stanovima, često je ilegalni stranac, uvek je spreman da se u najkraćem roku preseli. Ne kupuje nekretnine niti nepokretnu imovinu.

Putuje lagano, uživa u kretanju, sklon je nomadskom načinu života.

Narcis namerno neguje osećaj neusaglašenosti sa svojom okolinom.

On sebe smatra nadmoćnim u odnosu na druge i stalno ih kritikuje – bilo da su u pitanju pojedinci, institucije ili okolnosti.

Sve ove, gore navedene karakteristike, predstavljaju oblik poricanja stvarnosti.

Narcis postavlja krute, neprobojne granice svog ličnog prostora i oseća fizičku odbojnost kada ih neko naruši.

Narcis se ponekad emocionalno vezuje za svoj novac i imovinu.

Novac i posedovanje predstavljaju moć, oni služe kao zamena za ljubav i imaju tu prednost što su pokretni i mogu lako da se zamene. Oni su sastavni deo patološkog narcističkog prostora i ključni su za formiranje njegovog lažnog ega (FEGO). Narcis ih usvaja i identifikuje se sa njima, zbog čega gubitak ili umanjenje njihove vrednosti doživljava kao traumu. Oni mu pružaju sigurnost i izvesnost, koje ne može da oseti nikako drugačije. Oni su mu poznati, predvidivi i pod njegovom kontrolom. Emocionalno ulaganje u nežive objekte ne predstavlja nikakav rizik.

Suzan Forvard pravi razliku između narcisa, sadiste, sociopate i mizogina, posmatrajući njihov odnos prema ženama. Ona ističe da narcis „prolazi kroz" mnoge žene kako bi obnovio svoj izvor narcističkog snabdevanja (SNSS, prema mojoj terminologiji).

Narcis ostaje sa suprugom samo dok ona u potpunosti ispunjava njegove narcističke potrebe – bilo kroz sticanje materijalnih dobara, bilo kroz obožavanje. Njegova mizoginija i sadizam ne proizlaze direktno iz narcizma, već su rezultat njegovog straha od napuštanja (koji je kao ponavljanje rano zadobijene traume). Narcis koji poseduje idealizovan, sadistički, rigidan, primitivan i kažnjavajući superego, neizbežno postaje antisocijalan, lišen morala i funkcionalne savesti.

Ovde leži osnovna razlika: narcis tretira žene na destruktivan način kako bi ih oslabio i učinio zavisnima od sebe, sprečavajući ih da ga napuste. U tu svrhu, on koristi različite tehnike, kako bi potkopavao izvore partnerkine snage: njenu zdravu seksualnost, podršku porodice, uspešnu karijeru, samopouzdanje, mentalnu stabilnost, sposobnost realnog sagledavanja stvarnosti, prijatelje, prihod, ušteđevinu, imovinu i društveno okruženje.

Kada je partnerka lišena svih ovih oslonaca, narcis postaje njen jedini izvor autoriteta, interesovanja, smisla, emocija i nade. Malo je verovatno da će ga, tako oslabljena žena – napustiti. Njena zavisnost se dodatno pojačava njegovim nepredvidivim ponašanjem, koje u njoj izaziva strah i fobičnu neodlučnost.

Narcisu su žene potrebne, i upravo zato ih mrzi. Njegova zavisnost od njih izaziva prezir i odbojnost. U poređenju s njim, „čisti“ mizogin, koji nije narcis – mrzi žene, ponižava ih, prezire i odbacuje – ali mu one nisu ni potrebne.

Još jedna važna tačka: seks vodi ka intimnosti. Koliko god da je ta intimnost minimalna, narcis svaki prekid seksualnog odnosa doživljava kao napuštanje. On se oseća poništeno i usamljeno. To proizlazi zbog odsustva pogleda koji definiše SNSS. Žudnja za tim pogledom je toliko jaka da narcis oseća potrebu da pronađe zamenu – novu SNSS.

Svaki narcis ima profil „omiljene“ SNSS, koji odražava lične sklonosti i matriks njegovih patoloških potreba. Ipak, određene osobine su zajedničke svim potencijalnim SNSS ženama: one ne smeju da budu pričljive, moraju da budu spore ili inferiorne u nekom bitnom aspektu, pokorne, privlačne, inteligentne, ali pasivne, da mu se dive, i da budu emocionalno dostupne i zavisne, estetski privlačne, ali mogu biti i izrazito lepe ili potpuno neupadljive. Žene koje narcisu nisu „po meri“ jesu one koje su: kritične, samostalne u razmišljanju, pokazuju superiornost, sofisticiranost i ličnu autonomiju, nude mu netražene savete ili mišljenja. Narcis ne ulazi u odnose sa takvim ženama, iako somatski narcis ponekad nastoji da ih „pokori“ kroz seksualno osvajanje.

Kada prepozna odgovarajući profil, narcis procenjuje da li oseća seksualnu privlačnost prema ženi. Ako je privučen, kreće u proces uslovljavanja, koristeći različite metode: seks, novac, preuzimanje odgovornosti, stvaranje seksualne, emocionalne, egzistencijalne i operativne nesigurnosti (praćene epizodama olakšanja kada se sukobi razreše), grandiozne gestove, izraze interesovanja, potrebe i zavisnosti (koje žena pogrešno tumači kao duboke emocije), grandiozne planove, idealizaciju, demonstracije neograničenog poverenja (ali bez deljenja moći odlučivanja), podsticanje osećaja posebnosti i pseudo-intimnosti, kao i detinjasto ponašanje.

Najzad, stvara se zavisnost i rađa se novi SNSS.

Poslednja faza je *SNSS transakcija*. Narcis od svog partnera crpi obožavanje, narcisističku akumulaciju i pokornost. Zauzvrat, on se obavezuje da će nastaviti da ga uslovljava istim, već pomenutim metodama (narcisističkom valutom). Istovremeno, aktivira masku vunderkinda, unapred pripremajući teren za neizbežno napuštanje.

U ovakvom transakcijskom odnosu, narcis ne pruža stabilnost, emocionalnu ili seksualnu ekskluzivnost, niti istinski saživot. On nije intiman sa svojim partnerom i ne dolazi do stvarne razmene poverenja, informacija, iskustava ili mišljenja. Ovakvi odnosi svode se na seksualnu kompatibilnost, zajednički život, donošenje odluka, dugoročno planiranje i zajedničku imovinu. Narcisi retko imaju decu *sa* svojim supružnicima – pre bi se moglo reći da decu stvaraju *za* svoje supružnike.

Sve ovo vodi neizbežnom: iscrpljivanju SNSS-a (koji se emotivno neprestano daje, a zauzvrat ne dobija gotovo ništa); preplavljujućem očaju, bolu i patnji; kraju seksualne i emocionalne ekskluzivnosti; i konačno, napuštanju.

Narcis uvek daje prednost ženi u odnosu na bilo koji drugi oblik SNSS izvora narcističke hrane. Ona zahteva manje dugoročno ulaganje i lakše ju je „utrenirati“. Štaviše, često je i sama motivisana da bude uslovljena – ona želi da snabdeva narcisa i da na taj način – plamen održi živim.

Nasuprot tome, svet u celini ostaje ravnodušan prema narcisima i njihovim često marginalnim aktivnostima. Pored toga, žene daleko bolje i pouzdanije regulišu njegov neumoljivi tok narcističkog snabdevanja.

Obe funkcije – stabilizacija-akumulacija i obožavanje – objedinjene su u jednoj istoj osobi: ženi. To omogućava narcisu da usmeri sve svoje napore na jedan objekat. Naravno, to istovremeno povećava njegovu zavisnost i rizik od napuštanja, ali je ušteda energije i racionalizacija troškova vredna tog truda – barem iz narcisove perspektive.

Maligno samoljublje

Narcizam – revidirani osvrt

Preoblikovanje poremećaja ličnosti

Programski predlog

Program za redefinisanje poremećaja ličnosti klastera B kao poremećaja narušene separacije-individuacije i disocijativnih posttraumatskih sindroma

Oblast proučavanja poremećaja ličnosti nalazi se u slepoj ulici, što se ogleda u suprotstavljenim dijagnostičkim modelima unutar DSM-5-TR (kategorizovane liste dijagnostičkih kriterijuma, preuzete doslovno iz DSM-IV-TR, naspram dimenzionalnih, deskriptivnih alternativnih modela, koji su smešteni u dodatke).

Neophodno je da klaster B poremećaja ličnosti sagledamo kao posttraumatske disocijativne sindrome, koji uključuju različita samostanja (subpersonalnosti sa pseudoidentitetima). Čini se da je ovo klinički najstoži način, kako bismo se oslobodili preteranih komorbiditeta i politetičkih dijagnoza.

Redefinisanje klastera B poremećaja ličnosti kao posttraumatskih stanja, koja uključuju disocijaciju, značajno doprinosi rešavanju ovih otvorenih pitanja.

Ja-stanje – a ne nepromenjivo Ja: ljudi su reke, a ne jezera ili bare

Za početak, potrebno je napustiti suštinski pogrešne pretpostavke savremene psihologije – ideje o konstelovanom ili integrisanom Ja, ličnosti i individualnosti – i umesto toga usvojiti model fluidnih samostanja, koja neprimetno prelaze jedno u drugo i reaguju na spoljašnje podražaje (videti odeljak o IPAM-u).

Čovek **je reka, a ne jezero ili stajaća bara.**

Standardni model poremećaja ličnosti klastera B

Predlažem standardni model poremećaja ličnosti klastera B, analogan standardnom modelu sila i čestica u fizici.

Moj novi predlog dijagnostičke kategorije – prikriveni granični poremećaj ličnosti (**covert borderline**), kao i ranije predložena dijagnoza invertovanog narcisa (**inverted narcissist**) – jesu primeri kliničkih entiteta koji nastaju kroz stalne **prelaze između otvorenih i prikrivenih stanja klastera B, posredovane i pokrenute procesima kolapsa i narcističke mortifikacije.**

Ovaj predloženi **standardni model poremećaja ličnosti** objedinjuje sve poremećaje klastera B (tzv. „dramatične" ili „nestabilne") u jedan klinički entitet sa različitim akcentima i slojevima. Kao i svaki teorijski model, omogućava predviđanje novih dijagnostičkih kategorija.

Ja-sistemi: istorijski prethodnici

Konceptualizacija uma kao skupa ego-stanja ili ja-stanja nije novost. Njeni koreni sežu do rada Filipa M. Bromberga, Jungovih kompleksa, modela subpersonaliteta, modela unutrašnje porodične dinamike (Internal Family Systems Model – IFS) i terapije ego-stanja.

Započećemo naš pregled od najosnovnije jedinice Ja-stanja: binarnog sistema.

Binarni sistemi

Studije slučaja klijenata sa komorbidnim otvorenim (overt) i prikrivenim (covert) narcizmom dovele su do razvoja koncepta samosnabdevanja (**self-supply**).

Slomljeni narcis može da razvije **binarni sistem** dva rezidualna Ja-stanja: jedno otvoreno narcističko i drugo prikriveno, pri čemu su oba jednako nesposobna da obezbede narcističko snabdevanje iz spoljašnjih izvora.

Ovakva konstelacija ima za cilj generisanje samosnabdevanja na dva načina: kroz superiornost i odbacivanje prikrivenog Ja-stanja od strane otvorenog Ja-stanja, kao i kroz fantazije prikrivenog Ja-stanja o otvorenoj grandioznosti i narcističkoj zalihi, koju ono time zadobija.

Agresija otvorenog Ja-stanja prema prikrivenom se reciklira u depresivno stanje (autoagresija) i integriše se u sadističke fantazije.

Otvoreno i prikriveno Ja-stanje međusobno sarađuju u oblikovanju sublimatornog kanala za potisnuti bes, zavist i ozlojeđenost koje proživljava slomljeni narcis.

Kada se agresija kanališe kroz grandioznost, ona može da se manifestuje kroz jedan ili više sledećih govornih izričaja:

Osuđujuće-prezrivi („Ja sam superioran, neuporediv.“);

Pobednički („Ja sam poseban, bilo to dobro ili loše.“);

Milosrdno-empatični („Žalim ljude, saosećam, činim dobra dela, ali na upadljiv način.“);

Obrazovni („Ja sam guru koji uzdiže druge na svoj nivo.“).

Ja-stanja: operativni sistem

Pojam nepromenjivog Ja u mom delu, zamenjujem idejom da unutrašnji operativni sistem određuje koje od nekoliko Ja-stanja će isplivati na površinu, u zavisnosti od internih i eksterno (okruženjem) generisanih informacija.

Samoefikasanost predstavlja primarni kriterijum koji sistem nastoji da optimizuje prilikom aktivacije ovih subpersonalnosti ili pseudoidentiteta.

Kada su sva relevantna ili dostupna Ja-stanja u sistemu jednako samoefikasana, sistem može odlučiti da ih zadrži u simultanom funkcionisanju (ovo nazivam „rezidualnim stanjem“, prelaznim binarnim sistemom). Ovo neminovno vodi do disonance i internalizovane agresije.

Pacijenti sa poremećajima ličnosti iz klastera B ne percipiraju vreme (bezvremenost), ne poseduju stabilna sećanja, kontinuitet, ne osećaju sebe ili ne poseduju jezgro identiteta. Oni su puka simulacija i spektakl.

Uzmimo narcise za primer.

Većina narcisa ispoljava i otvorene (grandiozno-privilegovane) i ranjive crte ličnosti. U svom radu sugerišem da klaster B pacijenti prelaze iz jednog stanja ličnosti u drugo – otvoreno, kolapsirano i prikriveno – kada dožive narcističku mortifikaciju.

Ali kako je to moguće? Uostalom, crte prikrivenog narcizma dijametralno su suprotne od onih koje karakterišu otvoreni narcizam!

Čak i kod zdravih osoba, osobine ličnosti nisu konstantne tokom životnog veka, naročito pod uslovima ekstremnog unutrašnjeg ili spoljašnjeg stresa ili traume.

Ova nestabilnost i labilnost su naročito izražene kod osoba koje pate od difuzije ili poremećaja identiteta.

Svako Ja-stanje predstavlja narativ koji je povezan sa pseudoidentitetom.

Pseudoidentiteti su ego funkcije (resursi) i simulacije (istraživačke probe).

U odsustvu jedinstvenog, stabilnog jezgra (identitetski poremećaj i difuzija identiteta), osoba se neprestano preobražava između različitih Ja-stanja, pri čemu svako od njih poseduje jedinstvene osobine, afekte, kognicije i ponašanja.

U ekstremnim slučajevima, ova Ja-stanja su potpuno disocirana (kao kod većine oblika disocijativnog poremećaja identiteta – DID).

Psihopatija kao zaštitničko Ja-stanje

Psihopatija kao Ja-stanje predstavlja zaštitni ego resurs u disocijativnom poremećaju identiteta (DID), graničnom poremećaju ličnosti (BPD), gde se manifestuje kao sekundarna, faktorska psihopatija (F2), zatim u narcističkom poremećaju ličnosti (NPD), histrioničnom poremećaju ličnosti (HPD) i paranoidnom poremećaju ličnosti (PPD).

Dekompanzacija nastaje usled neizdrživo predviđenog ili realnog stresa ili traume (kompleksni CPTSP/PTSP): grandiozne i fantazmatske odbrambene strategije se urušavaju, što dovodi ili do ispoljavanja ponašanja (acting out) ili do suicida.

U takvim okolnostima pojavljuje se psihopatsko zaštitničko Ja-stanje.

U slučaju NPD poremećaja, psihopatsko zaštitno Ja-stanje štiti nestabilnu i neorganizovanu ličnost od narcističkih povreda ili narcističkog umrtvljivanja (što izaziva stanje stalne budnosti).

Njegovo pojavljivanje dovodi do kontakta sa tragovima traume (potisnuta sećanja i njihove prateće emocije), čime se NPD transformiše u BPD (Grotštajn: pacijent sa BPD-om je neuspešan narcistički subjekt).

Dok su emocionalna disregulacija i suicidalne ideje u BPD-u česte, one su manje preteće od dezintegracije, koju izaziva stanje posramljenosti i poniženja u narcističkom umrtvljivanju.

U NPD-u, psihopatsko zaštitničko Ja-stanje se takođe, suprotstavlja nepostojanosti objekta, što obično izaziva anksioznost zbog napuštanja (nesigurnost u vezi sa razdvajanjem).

U slučaju PPD-a, psihopatsko zaštitničko Ja-stanje štiti od percipiranih ili anticipiranih pretnji, kao i od katastrofičnih primisli, paranoidnih ideacija i progonilačkih deluzija.

U slučaju BPD-a, ali i uopšteno, u graničnom poremećaju ličnosti, psihopatsko zaštitničko Ja-stanje štiti od dvostruke anksioznosti: anksioznosti napuštanja (nesigurnost u vezi sa razdvajanjem, koja je praćena osetljivošću na odbacivanje).

U BPD-u, zaštitničko Ja-stanje takođe kompenzuje nepostojanost introjekata (nemogućnost održavanja stabilnih unutrašnjih prikaza spoljašnjih objekata).

U slučaju HPD-a, zaštita je i od odbacivanja i od povrede.

Kada je zaštitničko Ja-stanje previše aktivno ili je jedini izvor Ja-stanja, dolazi do hibridnih tipova (komorbiditet), kao što je maligni narcis (From, Herbert Rozenfeld, Džefri Sajnfeld, Oto, Kernberg).

Strukturalna Disocijacija

Strukturalna disocijacija je deo mog novorazvijenog terapijskog tretmana, hladne terapije, zajedno sa drugim pristupima traumi i retraumatizaciji. Ona je u srcu posttraumatskog stanja koje je danas poznato kao „poremećaji ličnosti".

Disocijacija je deficit integracije, a ne odbrana (dete zapravo ima malo aktivnih načina za odbranu). Njeni simptomi su i psihoformni i somatoformni.

Integracija i adaptivno ponašanje zavise od sinteze (asocijacija svih komponenti iskustava i funkcija u smisleno i koherentno mentalno strukturisanje, kako epizodno, tako i kroz vreme).

One, takođe, zavise od realizacije: analize i asimilacije informacija putem personifikacije i prezentifikacije, donoseći prošlost i budućnost u sadašnji trenutak, što je vrsta osvešćenosti i refleksivnosti.

Depersonalizacija je neuspeh u personifikaciji (semantičko, a ne epizodično pamćenje).

Trauma i integrisano Ja

Trauma smanjuje integrativni kapacitet. Kod premorbidnih ličnosti, sa niskim kapacitetom za integraciju, ona može dovesti do disocijacije.

Akcioni sistemi (urođeni, samoorganizovani, samostabilizovani i homeostatski emocionalni operativni sistemi):

1. Vode svakodnevni život i opstanak vrste;

2. Omogućavaju fizičku odbranu u situacijama pretnje (trenutno poznato kao 4F), društvenu odbranu od napuštanja i odbacivanja (što se poremeti u BPD-u), i interoreceptivnu odbranu od mentalnog sadržaja (slično odbrambenim mehanizmima, bilo primitivnim, poput cepanja ili sofisticiranim, poput pasivne agresije).

Čarls Samjuel Majers je proučavao akutno traumatizovane ratne veterane iz 1940. godine.

On je predložio model koji obuhvata AS1 (Akcioni sistem 1) povezan sa ANP (naizgled normalnim delovima) i AS2 povezan sa EP (emocionalnim delovima ličnosti). Majers je ove sisteme nazivao „ličnostima“, ali mi ih danas zovemo „delovima“.

EP sadrže živo sećanje na traumu (oživljavanje ili flešbekove) i snažnu negativnu emocionalnost i afektivnost (strah, užas, bespomoćnost, bes, krivicu, stid – ili stanje bezvoljnosti, nepokretnosti i pokornosti – ili disocijativna stanja derealizacije i depersonalizacije). Oni su povezani sa dismorfijom tela i posebnim osećajem za sopstvo.

ANP potiskuje traumatska sećanja i izbegava okidače putem amnezije, senzornih anestezija, ograničenih emocija, osećaja otupelosti i depersonalizacije.

ANP je uslovljen da se plaši EP i da na svako njegovo nametanje reaguje promenom ili smanjenjem svesti, zloupotrebom supstanci, zavisnostima, prinudnim radnjama, samopovređivanjem (kako bi ućutkao unutrašnje glasove EP), fobijama ili mentalnim delovanjem.

Disocijativni delovi utiču na obrasce vezivanja i intimnost, što dovodi do gubitka privrženosti. ANP je usmeren na očuvanje privida normalnog života i podsticanje razvoja kroz promene.

Oni često funkcionišu putem evaluativnog uslovljavanja (povezivanja neutralnih stimulusa sa negativnim ili pozitivnim ishodima i osećanjima usled prethodne asocijacije sa negativnim ili pozitivnim stimulusima), skretanja pažnje ili otuđenja.

Pojedinac može imati jedan ANP i jedan EP (primarna strukturna disocijacija), jedan ANP sa dva ili više EP (sekundarna SD) ili više ANP i EP (tercijarna SD).

I ANP i EP zadržavaju rudimentarni osećaj sopstva („ja“) i isključivi pristup određenim sećanjima (tzv. jezgro identiteta).

Disocijativni delovi se razlikuju po stepenu nametanja i izbegavanja traumom-povezanih okidača, regulaciji afekata, psihološkim odbranama, sposobnosti za uvid, odgovoru na stimuluse, telesnim pokretima, ponašanjima, kognitivnim šemama, stilovima vezivanja, osećaju sopstva, samodestruktivnosti, promiskuitetu, suicidnosti, fleksibilnosti i adaptabilnosti u svakodnevnom životu, strukturnoj podeli, autonomiji, broju, subjektivnom doživljaju i otvorenim ispoljavanjima.

Disocijativni simptomi mogu biti ili negativni (amnezija, otupelost, oslabljeno mišljenje, gubitak veština, potreba, želja, fantazija, gubitak motornih funkcija ili senzacija) ili pozitivni, kada se mentalni sadržaj ili funkcije jednog dela prenose na drugi (kao kod psihoze/šizofrenije: glasovi, nevoljni postupci, tikovi, bolovi; psihoformni ili somatoformni konverzioni simptomi).

Poremećeno formiranje sopstva u ranom detinjstvu: premorbidno stanje pre nastanka Ja

Kod poremećaja ličnosti iz klastera B, biološka majka često nesvesno postaje izvor frustracije, bola, stida i besa.

Uzmimo za primer nastanak narcističkog poremećaja ličnosti (NPD): emocionalno „odsutna" majka osujećuje razvoj narcističke strukture deteta tako što ga postiđuje. Prelazak iz simbiotske faze (stapanja sa majkom) u separaciju i individuaciju (između 18. i 36. meseca života) biva prekinut (prema teoriji Margaret Maler o separaciji-individuaciji).

To sprečava potpunu konstelaciju Ja i integrisanog ega.

Individuacija ne znači postajanje odraslim, već formiranje pojedinca sa jasnim granicama, Ja i egom (čija jedna od funkcija jeste testiranje realnosti).

Međutim, majka ne može biti legitimna meta **agresije**, pa dete tu agresiju preusmerava na zamenske figure majke. Ono pokušava da postigne separaciju posredstvom drugih (npr. svojih intimnih partnera u zajedničkoj fantaziji) i tako ostvari individuaciju.

Dete preoblikuje – frustrirajući i uskraćujući primarni objekat (majku ili negovatelja) putem cepanja: ona je ili potpuno dobra (mučenica) ili potpuno loša (zla). U skladu s tim, i dete je ili potpuno loše (grandiozni monstrum) ili potpuno dobro (grandiozna žrtva).

Dete će najčešće usvojiti loš objekat: doživljavajući sebe kao nedostojno, neadekvatno, zlo, ružno, glupo i slično. Ono preuzima odgovornost za zlostavljanje i traumu koju trpi.

Detetovo Ja nastaje kroz odraz u majčinom pogledu.

Pogled nije samo fizički čin, već stav nege i brige.

Novorođenče nema pojam o samom sebi, drugom biću ili svetu (ne pravi razliku između spoljašnjeg i unutrašnjeg). Zbog toga, u početku nije sposobno da se prepozna u majčinom pogledu (simbiotska faza). Kada se konačno prepozna, doživljava traumu – podelu sveta i pojavu „drugog".

U prvi mah, dete odbacuje majčin traumatizujući pogled. Odbija je od sebe, shvatajući time njenu spoljašnjost. Paradoksalno, upravo ovo odbacivanje vodi ka diferencijaciji – prvom obliku proto-separacije (Lakanova apercepcija, samo-objektifikacija ili ambivalentna samo-alijenacija).

Lakan je sugerisao da je nesvesno – sedište potisnutih trauma – uvid u različite poglede drugih ljudi. Tako je majčin pogled uzrok formiranja nesvesnog, a njegovu suštinu čini ta prvobitna trauma – čin bivanja viđenim.

Zašto dolazi do nastanka nesvesnog? Da bi se razrešila egzistencijalna disonanca između opstanka, zasnovanog na potrebi da budemo viđeni i traume koju taj čin izaziva. Ovo drugo mora biti potisnuto u interesu preživljavanja.

Tada je dete spremno da objektivira i instrumentalizuje majku kao svoje prvo ogledalo. Ovaj proces dovodi do nastanka primarnog narcizma. Majka aktivno reflektuje detetov pogled na sebe samog, idealizovanog i preuveličanog, stvarajući tako „efekat sale sa ogledalima".

Ovo detetu pruža grandioznu energiju, potrebnu da se suoči sa svetom i da ga obuhvati. Majčin proaktivan, dobrodušan pogled, jeste sinonim za sigurno uporište i omogućava razvoj zdrave privrženosti.

Majčin pogled podstiče mentalizaciju i uspostavljanje objektnih odnosa, zasnovanih na razdvajanju spoljašnjih objekata, koji su predmet sigurne privrženosti („sigurnih osnova").

Ali kada je majka emocionalno „odsutna", njen pogled nestaje zajedno s njom. Dete tada vidi samo nju (ogledalo) i svet, ali ne i sebe. Ono ne uspeva da razvije pojam spoljašnjih, operativnih odnosa s objektima, kao ni da uobliči sopstveni identitet i ego.

Ovakvo dete je nesposobno za mentalizaciju (pripisivanje stanja svesti drugima). Ono ostaje zarobljeno u narcizmu. Svojim partnerima nudi „efekat sale sa ogledalima", ali pošto nema mentalizacije ni objektnih odnosa, proces ne prelazi granice grandioznog emocionalnog ulaganja i dovodi do regresivne infantilne retraumatizacije.

Istovremeno, partner postaje odsutna, frustrirajuća, uskraćujuća, nepouzdana majka koja reflektuje samo sebe i svet, ali ne i narcisa – čime podriva zajedničku fantaziju i pretvara se u unutrašnji objekat progona.

Ovo podseća na Hegelovu **negaciju negacije**: dete, negirano dete, negirano-negirano (postalo) dete.

Drugi i empatija

U odsustvu spoljašnjih, drugih pojedinaca, empatija je isključena.

Empatija predstavlja zatvoren, unutrašnji proces koji se aktivira prisustvom i svedočenjem drugog čoveka o sebi.

Empatija uključuje dve izmaštane samoobmane:

1. Uverenje da je unutrašnje iskustvo empatije zapravo spoljašnje (da se odnosi na drugu osobu). Ova konfuzija između unutrašnjih i spoljašnjih objekata naziva se „psihoza“.

2. Uverenje da je empatija altruistična i usmerena na drugog, dok je u stvarnosti solipsistična i služi isključivo samoregulaciji emocija i kognitivnom procesuiranju.

Zbog toga, empatija nosi obeležja i zdravog i patološkog narcizma.

Empatija je najpoznatiji oblik mentalizacije usmerene ka drugome. Ostale predložene varijante se nisu podjednako dobro održale.

Model „**automatskog**" ponašanja verovatno nije ispravan kada je reč o ljudima – ali **racionalnost**, takođe, nije zadovoljavajuće objašnjenje. Čak je i koncept ograničene racionalnosti previše optimističan.

Fonagijeva teleološka nementalizacija može podjednako da se primeni, kako na insekte, tako i na ljude, što je čini tautološkom. Postojanje cilja nužno podrazumeva postojanje intencionalnosti (Brentano) i obrnuto.

Ono jedino, što ne možemo sa sigurnošću da potvrdimo jeste samo **postojanje CILJEVA**! Zato teleologija ostaje problematičan koncept u nauci.

Formiranje i izražavanje Ja-stanja

Novorođenče (od rođenja do treće godine) ne formuliše verbalno „misaone" procese ili ciljeve u vezi sa svojim osnovnim potrebama (koje su delom kognitivne, delom instinktivne). Ta nejasna nesigurnost je bliža stanju nelagodnosti, poput žeđi ili mokre odeće (stanja bića). Ovakva stanja se transformišu u trajna Ja-stanja samo ako potrebe ostanu neispunjene.

Čak i u klasičnim teorijama, od Junga do Ferberna, Ja se uspostavlja i integriše kroz zadovoljavajuće objektne odnose. Kada su ti odnosi frustrirajući ili bolni, Ja ostaje fragmentisano na stanja, pri čemu svako stanje odgovara neispunjenoj, nezadovoljenoj potrebi.

Svako Ja-stanje ima sopstveni skup strategija suočavanja, kognicija i emocija (afekata), koji kruže oko rešavanja unutrašnjeg nedostatka. Svako od ovih stanja prožeto je agresijom.

Ja-stanja su uspavana i reaguju na stresore. Dok su u stanju hibernacije, doživljavaju se kao unutrašnji objekti.

Poremećaji ličnosti klastera B (narcistička, granična i antisocijalna – psihopatija) mogli bi da budu samo kaleidoskopski ramovi osnovnog disocijativnog procesa, koji u ekstremnim slučajevima može da rezultira punim razvojem disocijativnog poremećaja identiteta (DID, ranije poznatog kao poremećaj višestruke ličnosti) ili možda OSDD-a (drugog specifičnog disocijativnog poremećaja). Drugim rečima, ovi tipovi ličnosti se mogu posmatrati kao Ja-stanja, „alternativna" jedna drugima.

Kada dožive **narcističku povredu ili poniženje**, traumu ili intenzivan stres i anksioznost, ovi pacijenti dekompenzuju i ispoljavaju svoje unutrašnje konflikte na predvidive načine: granična ličnost postaje okrutni sekundarni psihopata, primarni psihopata se pretvara u besnog, grandioznog narcisa, dok se nesigurni narcis preobražava u zavistan, očajnički vezan granični tip. Ove fazne tranzicije su zapanjujuće i mogu zbuniti čak i najiskusnije kliničare.

Ovaj fenomen, u velikoj meri proističe iz činjenice da ličnosti sa klaster B poremećajima gotovo da nisu u stanju da pristupe, obrade ili regulišu ni sopstvene emocije ni kognicije.

Ovi ozbiljni deficiti utiču na način na koji pacijenti tumače događaje u svom životu i ljude oko sebe.

Psihopata ne vidi nikakvo značenje – ni u čemu, ni u kome. Granična ličnost sebe doživljava kao besmislenu, dok sve oko sebe vidi kao ono što je od suštinske važnosti za očuvanje sopstvene autonomije i osećaja delotvornosti. Narcis pak, smatra da isključivo on ima potpunu vrednost i smisao, isisavajući svaku vrednost iz svih drugih ljudi i pojava.

Pod ekstremnim pritiskom, svi pomenuti akteri pokušavaju da preoblikuju situaciju u manje štetnu, tako što premeštaju i redistribuiraju izvore značenja. Na taj način, gotovo neprimetno i glatko, prelaze iz jedne uloge u drugu unutar ovog proširenog i sveobuhvatnog niza uloga, koje nazivamo „poremećajima ličnosti".

Fantazija kao odbrana i zajednička fantazija

I narcisi i granične ličnosti osciliraju između fantazije i stvarnosti – ali njihove fantazije se međusobno znatno razlikuju. Fantazija granične ličnosti usmerena je na objekat (osobu), dok je fantazija narcisa fokusirana na proces (narativ).

Štaviše, ove fantazije služe kao ispunjenje njihovih najdubljih psiholoških potreba.

Sedam faza zajedničke fantazije:

1. Uzajamna idealizacija kroz „bombardovanje ljubavlju" – introjektovani partner se idealizuje, a narcis sebe doživljava kao savršenog jer poseduje idealni objekt.
2. Dvojno materinstvo unutar zajedničke fantazije – rekonstrukcija ranog detinjstva u kojoj oba partnera preuzimaju ulogu majčinskih figura, bezuslovno prihvatajućih i brižnih. Partner regresira i, poput novorođenčeta se zaljubljuje se u sopstveni idealizovani odraz u narcističkom pogledu (efekat „sale sa ogledalima").
3. Neuspešan proces odvajanja iz detinjstva se ponavlja u vidu mentalnog odbacivanja partnera, što izaziva narcističku povredu, jer se sugeriše da narcis nije svemoguć – njegovo prethodno idealizovanje partnera bilo je pogrešno procenjeno.
4. Devalvacija spoljašnjeg objekta – kako bi povratio osećaj grandioznosti, narcis umanjuje vrednost ranije idealizovanog partnera.
5. Devalvacija partnerovog introjekta putem mehanizma cepanja – introjekt sada postaje potpuno loš, dok narcis zadržava sliku sopstvene potpune dobrote.
6. Realno odbacivanje partnera – pokušaj projektovanja introjekta na partnera kako bi se on integrisao sa spoljašnjim objektom. Međutim, ova projekcija-integracija ne uspeva zbog narcističkog straha od napuštanja, jer partner odbija da prihvati potpuno loš introjekt. Tako devalviran, podeljen, potpuno loš introjekt ostaje kao unutrašnji objekt narcisovom umu, stvarajući anksioznost i unutrašnji nesklad.
7. Jedini način da se smanji ova unutrašnja anksioznost jeste ponovna idealizacija spoljašnjeg objekta i odgovarajućeg introjekta. Međutim, ako je narcis pretrpeo narcističku mortifikaciju, ovo postaje nemoguće. U tom slučaju, on se mentalno odvaja od svoje prethodne verzije i „reinventuje" sebe, omogućavajući tako sopstvenu reidealizaciju i nastavak narcističkog snabdevanja (obnavljanje grandioznosti).

Model intrapsihičke aktivacije (IPAM)

Psihologija koja teži naučnoj utemeljenosti, mora da krene od spoljašnjeg okruženja: od stimulusa koji putem čulnih organa dospevaju do mozga i ekosistema informacija, pri čemu 95% njih ostaje nesvesno.

Unutrašnje okruženje se sastoji od reakcija na spoljašnje podražaje i od međusobnih interakcija različitih procesa, poput kognicija i emocija.

Zbog toga je zamisao o nepromenjivom, suštinskom identitetskom jezgru, neutemeljena: nijedan statičan entitet ne može delotvorno da funkcioniše u stvarnosti koja se neprestano menja i preobražava.

Umesto jednog jedinstvenog, nepromenjivog, celoživotnog Ja, koje se oslanja na ideje autora poput Filipa Bromberga, predlažem pojam grupe Ja-stanja, pri čemu je svako od njih optimizovano za određeno okruženje.

Ja-stanja se automatski aktiviraju. Ono koje je najbolje prilagođeno zahtevima i okolnostima specifičnog okruženja postaje dominantno, dok ostala ostaju latentna i uspavana.

Ipak, ova Ja-stanja nisu međusobno disocirana – ona dele resurse i kapacitete, poput inteligencije i sećanja pojedinca.

Određeni autonomni ili kontinuirani misaoni procesi mogu biti u sukobu sa aktivnim stanjem Ja-stanja. Kako bi se izbegla disonanca i prateća anksioznost, oni se potiskuju uz pomoć konstrukata – struktura koje su specifične za svako pojedinačno Ja-stanje.

Konstrukti su stabilni organizacioni i hermeneutičko-egzegetski (interpretativni) principi. Oni posreduju između unutrašnje i spoljašnje stvarnosti, filtriraju iskustva i preoblikuju ih, istovremeno regulišući unutrašnje okruženje.

Njihova uloga je da sirove senzorne podatke i unutrašnje informacije dovedu u smisleni okvir i da ih oblikuju u narativ, koji će biti u skladu sa aktivnim Ja-stanjem. Konstrukti funkcionišu poput teorija – omogućavaju predviđanje, ali sve izlazne informacije bivaju cenzurisane, tako da odgovaraju datom Ja-stanju, što dovodi do kognitivno i emocionalno izmenjene percepcije stvarnosti.

Ego i ličnost su primeri ovakvih konstrukata.

Poput odbrambenih mehanizama, konstrukti narušavaju testiranje realnosti kako bi očuvali koherentnost i stabilnost aktivnog Ja-stanja. Oni deluju poput membrana, koje selektivno blokiraju svaki unos informacija, koji bi mogao da dovede u pitanje aktuelno Ja-stanje ili da ga ugrozi.

Na taj način, konstrukti osiguravaju podudarnost sa egom (ego-kongruentnost) i njegovu unutrašnju usklađenost (ego-sintoniju), stvarajući bazu podataka koja je istovremeno relevantna i podržava trenutno Ja-stanje.

Konstrukti, takođe, obrađuju i uspomene koje bi mogle da naruše ili dovedu u pitanje aktivno Ja-stanje, a samim tim da izazovu unutrašnju disonancu i anksioznost.

Takva sećanja, konstrukt ili utišava ili ih preoblikuje u saglasnosti sa Ja-stanjem.

To je moguće postići na jedan od ova tri načina:

1. Disocijacijom tih sećanja;

2. Izmenom njihovog emocionalnog sadržaja i značenja kako bi se uskladili sa aktivnim Ja-stanjem; i

3. Različitim vrednovanjem sećanja i selektivnošću (selektivno pamćenje).

Kako bi mogli da uspostave balans između Ja-stanja i odnosa sa spoljašnjim i unutrašnjim okruženjem, konstrukti koriste (interpeliraju) introjekte (internalizovane glasove značajnih drugih, poput roditelja, učitelja, vršnjaka i društva uopšte). Savest je primer klastera introjekata, koji se često koriste od strane konstrukata.

Da bismo izbegli disonancu i anksioznost, mi pravimo mir sa našim introjektima tako što ih pogrešno identifikujemo kao naše autentične glasove (greška atribucije).

Introjekti generišu automatske misli, kako pozitivne, tako i negativne. Oni uvek vrebaju. Kada se aktiviraju, mogu da ometaju svakodnevno funkcionisanje.

Konstrukti organizuju izlaz introjekata prema setu selekcionih kriterijuma i principa („identitet“).

„Identitet“ je algoritam koji mapira Ja-stanja i njihove prateće konstrukte u specifičnim okruženjima. On određuje koji introjekti će biti aktivirani. To je skup principa i operativnih rutina koje regulišu pojavu i uranjanje u Ja-stanja.

Identitet se vrlo sporo menja, što stvara iluziju stabilnosti i kontinuiteta.

„Ličnost" je sastavljena od izbora kriterijuma (prethodno spomenuti algoritam) u kombinaciji sa rezultatima Ja-stanja.

Osoba je vezana (emocionalno uložena) za Ja stanje. Ona/On želi da ga potvrdi i time sačuva svoju zonu komfora.

Jedna od funkcija automatskih misli jeste da uguši procese koji negiraju Ja-stanje ili su u sukobu s njim. Druga funkcija je da utiče na ponašanja i da ih modifikuje.

Neka ponašanja su inhibirana ili su negativno podstaknuta od strane konstrukata, korišćenjem automatskih misli, koje generišu introjekti. Druga ponašanja imaju pozitivni podsticaj.

Na ovaj način, konstrukt indukuje ili podstiče samo ona ponašanja, čije posledice modifikuju okruženje, kako bi se uskladilo sa Ja-stanjem, dok potiskuje sve druge oblike ponašanja.

Konstrukt je orijentisan ka cilju. Izbor ponašanja je sekundaran i racionalizovan. Samoefikasnost je osnovni cilj. Konstrukt koristi spoljašne podsticaje, kako bi regulisao unutrašnje okruženje.

Konstrukt stvara parakosmos, virtuelnu stvarnost koja se uklapa i podržava Ja-stanje. On je harmonizujući centralni autoritet.

Ovaj model unosi novo svetlo na osnovne pojmove u psihologiji.

„Mehanizmi odbrane“ čine prihvatljivima posledice pozitivno podsticanih ponašanja i sprečavaju sekundarnu anksioznost, stid, i krivicu.

„Mentalna bolest“ nastaje kada su Ja-stanja međusobno isključiva, što znači da su u suprotnosti ili da su neodgovarajuća, i onda, kada je prelazak sa jednog Ja-stanja na drugo – prekinut iz mnogih razloga (najčešće kada je Ja-stanje suboptimalno).

Princip nekontradiktornosti unutar repertoara Ja-stanja i nesmetan prenos moći između tih stanja predstavljaju temelje mentalnog zdravlja. U nizu velikog broja poremećaja mentalnog zdravlja, konfliktna Ja-stanja se, zajedno sa pridruženim konstruktima, nadmeću za psihičke resurse.

Sa svakom promenom okruženja, algoritam bira optimalno Ja-stanje koje preuzima kontrolu nad pojedincem. U tom procesu dolazi do trenutne dezorijentacije usled disocijativnih praznina između uzastopnih Ja-stanja.

Drugim rečima, kontinuitet sećanja, identiteta i ličnosti je mit ili, u najboljem slučaju, pogodna i idealizovana apstrakcija.

Ja-stanja deluju anksiolitički, dok terapija izaziva anksioznost. Međutim, postepeno, terapijski proces omogućava klijentu da razvije novi algoritam, koji bira Ja-stanja koja su manje autodestruktivna i disfunkcionalna, a više prilagodljiva i funkcionalna.

CIP - Каталогизација у публикацији
Народна библиотека Србије, Београд

159.923.3
316.47:159.9

ВАКНИН, Сем, 1961-
Малигно самољубље : нарцизам - ревидирани осврт :
оглед / Сем Вакнин ; превела Ана Бошковић.
- Belgrade, Atropos Press Balkans, 2026 (United Kindom).
-184 str.; 24cm

Prevod dela: Malignant self-love / Sem Vaknin.
-Tiraž 200. -Стр 13-19: Предговор / Ken Hajlbran

ISBN 978-86-82604-03-7

а) Нарцизам б) Међуљудски односи - Психолошки аспект

COBISS.SR-ID 186506505

www.ingramcontent.com/pod-product-compliance
Lightning Source LLC
LaVergne TN
LVHW052133041026
849558LV00010B/224